Evelin Kirkilionis

Bindung stärkt

Emotionale Sicherheit für Ihr Kind – der beste Start ins Leben

Kösel

Verlagsgruppe Random House FSC® N001967

3. Auflage
Copyright © 2008 Kösel-Verlag, München,
in der Verlagsgruppe Random House GmbH,
Neumarkter Str. 28, 81673 München
Umschlag: Elisabeth Petersen, München
Umschlagmotiv: Marlén Mieth, Dresden
Druck und Bindung: GGP Media GmbH Pößneck
Printed in Germany
ISBN 978-3-466-34521-2
www.koesel.de

 Dieses Buch ist auch als E-Book erhätlich.

Evelin Kirkilionis
Bindung stärkt

Inhalt

Ein Wort vorab

Ein strahlendes Baby, das die Eltern anlacht, sobald es gestreichelt und liebkost wird, ein fröhliches Kleines, das zutraulich an der Hand der Eltern das Abenteuer Umwelt erobert, ein zärtlicher kleiner Schmuser auf Mamas Schoß, begeistertes Toben quer durch die Wohnung auf Papas Rücken, in ihre Phantasiewelt vertiefte Spielkameraden, stolzes Herumzeigen erster gelungener Schreibversuche – Bilder einer glücklichen Kindheit, Symbole einer vertrauensvollen Beziehung zwischen Eltern und Kind. Eine gelungene Bindung zwischen Kind und Eltern bildet nicht nur eine Basis, anfängliche kleinere Probleme gemeinsam gut meistern zu können, sie beeinflusst auch alle weiteren Phasen der Kindheit positiv. Selbst der schwierige Pubertierende verliert, trotz aller Protesthaltung, nicht das Vertrauen zu Mutter und Vater. Und auch der junge Erwachsene findet immer wieder den Weg zu ihnen und lässt sie an seinem Leben teilhaben. Bindung stärkt! – nicht nur während der Kindheit, sondern sie bietet Rückhalt weit über die Jugendzeit hinaus.

Hinter den glücklichen Momenten einer vertrauensvollen Eltern-Kind-Beziehung verbirgt sich natürlich auch eine andere, »harte« Realität: Schlaflose Nächte, weil die Kleinen über Tage hinweg untröstlich scheinen. Nervenzehrende Hilflosigkeit, weil dem Trotzkopf kaum beizukommen ist. Ungeduldiger Ärger, da der Rechtschreibfehler zum »hundertsten« Mal auftritt. Wut und Verzweiflung, wenn die Diskussionen mit dem vierzehnjährigen, ewig gelangweilten, verstockten Neinsager kein Ende zu nehmen scheinen. Ein gerütteltes Maß an Enttäuschung, wenn anscheinend wochenlang, auch an Geburtstagen, in der gesamten Umgebung kein einziges Telefon für einen kurzen Anruf aufzutreiben ist. Dennoch, durch alle Veränderungen und Krisen im Verlaufe eines Lebens – auch wenn sich allgemein die Bedeutung der Eltern für ein Kind ändert und auch ändern muss – ist die Beziehung eines Kindes zu seinen Eltern etwas Besonderes und den Lebensweg grundlegend Mitbestimmendes, selbst wenn sich diese Beziehung irgendwann als kritisch erweist.

Mit all unseren Bemühungen möchten wir unsere Kinder zu einer selbstbewussten, kompetenten, mit sich und ihrem Leben zufriedenen, eigenständigen und liebesfähigen Persönlichkeit führen, die in ihr soziales Umfeld eingebettet ist und deren Verbundenheit – wir müssen uns das eingestehen – mit dem Elternhaus über den gesamten Lebensweg hinweg bestehen bleiben soll. Eltern sind sich ihrer Verantwortung wohl bewusst, den gewichtigen Grundstein für einen gelungenen Lebensweg ihres Kindes zu legen. Es steht außer Frage, dass körperliches Wohlbefinden hierfür nicht ausreicht, sondern dass das »psychische Wohlbefinden« letztendlich über die Qualität der Eltern-Kind-Beziehung entscheidet, und das heißt die gefühlsmäßige Zuwendung und Nähe, die einem Kind Sicherheit und Geborgenheit vermitteln.

Die Zuneigung, die ein Kind in den ersten Lebensjahren erfährt, bildet den Rahmen, in dem alle anderen späteren Beziehungen eingefügt werden. An ihm »arbeiten« Eltern mit ihrer Liebe und Fürsorge vom ersten Lebenstag ihres Kindes an – ja, eigentlich schon vorher. Und sie sind es, die seine Signale der Zuneigung beantworten und ihm somit die Welt der Gefühle erschließen.

In der Überzeugung, dass ein gelungener Anfang auch die beste Grundlage für einen weiterhin erfolgreichen Verlauf darstellt, wird sich dieses Buch vor allem auf das *erste Lebensjahr* konzentrieren, auch wenn es nicht beim zwölften Lebensmonat Halt machen wird. Dies bedeutet natürlich nicht, dass ausschließlich die Erfahrungen eines Kindes im ersten Jahr »prägend«, also alles entscheidend für das gesamte restliche Leben sein werden und somit alle weiteren Bemühungen nur noch ergänzenden Charakter haben. Es soll damit betont werden, wie eminent wichtig dieser Zeitraum ist – sowohl für die kindliche Entwicklung als auch für die Entstehung elterlicher Gefühle.

Jedes menschliche Wesen lernt vom ersten Tag seines Lebens an – genauer gesagt, bereits vorher. Und jedes menschliche Wesen kann lebenslang hinzu- und umlernen. Somit lassen sich auch im Bereich der zwischenmenschlichen Beziehungen, falls die erste Entwicklungszeit eines Kindes kritisch verlaufen ist, etwaige Mängel mit viel Liebe und Geduld ausgleichen. Pflege- und Adoptiveltern beispielsweise können durch ihr emotionales Potenzial anfängliche Vernachlässigungen auffangen, und Eltern können, sobald sie eine bedenkliche Entwicklung erkennen, an ihren »Schwächen« arbeiten, die ihr Kind ungünstig beeinflussen, und entsprechend gegensteuern.

Seien Sie also unbesorgt: Sie müssen keineswegs befürchten, dass Ihr Kind gleich einen Ballast für sein gesamtes Leben mitschleppt, wenn Sie hie und da einen Fehler machen. Wir müssen nicht perfekt sein – perfekte Eltern ohne Fehl und Tadel dürfte es wohl kaum geben und für ein Kind früher oder später wahrscheinlich ein Gräuel sein. Liebevolle, zugewandte Eltern, die ihr Kind als eigenständige kleine Persönlichkeit akzeptieren, »genügen« für den Anfang vollends.

Einführung

Was ist eigentlich eine gelungene Eltern-Kind-Beziehung?

»Bindung«, »Bonding« und »Attachment« – Begriffe, die fast jeder kennt

Für eine gesunde Entwicklung ist ein Kind auf eine emotionale Beziehung zumindest einer Person angewiesen, die die Elternaufgabe übernimmt. »Bindung«, das wissenschaftliche Schlagwort hierfür, fand in diesem Zusammenhang schnell Eingang in den allgemeinen Sprachgebrauch. Doch nicht nur das Kind bindet sich an seine Eltern, auch die Eltern entwickeln eine emotionale Beziehung zu ihrem Kind. Im englischen Sprachgebrauch wird mit »attachment« die Seite des Kindes, mit »bonding« die Seite der Eltern bezeichnet. Im deutschen Sprachgebrauch wird hingegen mit dem Begriff »Eltern-Kind-Bindung« oder »Eltern-Kind-Beziehung« mehr die Zusammengehörigkeit der beiden Seiten der Gefühlsverbindung zwischen Eltern und Kind betont.

Ich möchte hervorheben, dass ich in diesem Buch das Wort »Eltern« im weitesten Sinne verwende. Es steht für die Personen, die ein Kind beständig betreuen, und gilt nicht unbedingt allein für die leiblichen Eltern. Ebenso steht der Begriff »Mutter« stellvertretend für die »Hauptbezugsperson«. Mütter sind allerdings vor allem im ersten Lebensjahr – manchmal aus rein biologischen Gründen aufgrund des Stillens – meist die primären Betreuungspersonen. Engagierte Väter mögen mir verzeihen, dass ich sie oft aus Gründen der flüssigeren Lesbarkeit nicht explizit anführe.

Sichere und unsichere Bindungsbeziehungen – die klassischen Bindungsbeobachtungen

Eltern vermitteln ihrem Kind das Gefühl der psychischen Sicherheit, das heißt, sie sind Quelle der Angstfreiheit und Geborgenheit. Im Säuglingsalter ist diese vor allem von der Präsenz der Eltern abhängig. Die weitere kindliche Entwicklung mit der Zunahme von kognitiven Fähigkeiten ermöglicht einem Kind Schritt für Schritt, sich der emotionalen Nähe und Verfügbarkeit der Bindungspersonen auch auf anderen Wegen sicher zu sein.

Durch ihre fürsorgliche Art und Weise, durch die Aufmerksamkeit, mit der Eltern auf seine Signale reagieren, erhält ein Baby bereits im Verlauf seiner ersten Lebensmonate Gewissheit darüber, dass seine Eltern es liebevoll umsorgen und seine Bedürfnisse erkennen, dass sie es annehmen und schützen. So erweisen sie sich als zuverlässige Bindungspartner. Werden Eltern zu einer sicheren Basis für ihr Kind, kann man dies bereits im Krabbelalter an seinem Verhalten ablesen: Sicher gebundene Kinder erobern nicht nur neugieriger und selbstständiger ihre Umwelt. Sie zeigen auch ein ausgewogenes Verhältnis zwischen eigenständigem Spiel und Interesse bzw. Freude am Kontakt mit den Eltern. Sie sind im Allgemeinen ausgeglichen, weinen seltener und zeigen kaum ängstliches, ärgerliches oder aggressives Verhalten. Sie suchen bei Unbill die Nähe der Eltern und lassen sich trösten, ohne zu klammern, das heißt, sie lösen sich auch wieder, sobald Trauer und Schmerz überwunden sind. Sie wissen, wie sie sich Hilfe holen, und tun dies auch, sobald sie sich überfordert fühlen.

Eine gelungene Eltern-Kind-Beziehung lässt sich vielleicht am besten im Vergleich zu nicht sicher gebundenen Kindern anhand des *Fremde-Situation-Tests* (siehe auch S. 14) verdeutlichen, auch wenn das gleich zu Anfang in etwas »trockene« wissenschaftliche Bereiche führt. Bei diesen Beobachtungen werden etwa Einjährige mit sie immer stärker verunsichernden Situationen konfrontiert. In exakt festgelegten Beobachtungssituationen bleiben die Kinder eine Zeit lang teils mit einer fremden Person, teils völlig alleine in einer ihnen unbekannten Umgebung zurück. Je verunsicherter ein Kind ist, desto mehr benötigt es die beruhigende Nähe seiner Mutter, desto weniger zeigt es verständlicherweise auch Spiel- oder Erkundungsverhalten, selbst wenn das dargebotene Spielzeug noch so interessant ist. Man kann sich das als eine Wippe vorstellen: auf der einen Seite das Erkundungsverhalten, auf der anderen Seite das Bindungsbedürfnis. Je sicherer und unbeschwerter sich ein Kind fühlt, desto eher ist sein Erkundungsverhalten aktiviert. Je unsicherer es sich fühlt, desto mehr Bindungsverhalten zeigt es und umso weniger Erkundungsverhalten. Wird ein Kind mehr und mehr verunsichert oder geängstigt, kann es immer weniger spielen und wird verstärkt nach einem Rückhalt bei seiner Betreuungsperson suchen, die ihm sein Sicherheitsgefühl wiedergibt und ihm zeigt, dass es geschützt und alles in Ordnung ist.[1]

Bei der Testanordnung erwartet man wahrscheinlich zunächst, dass die Reaktionen der Kinder während der Trennung von ihrer Mutter die interessantesten Informationen liefern. Wie die Kleinen mit den Trennungssituationen umgingen, erwies sich zwar als wichtig, besonders aufschlussreich für die Beurteilung der Bindungsqualität waren jedoch die Verhaltensweisen bei der Wiedervereinigung mit der Mutter.

Der Fremde-Situation-Test – eine Methode
zur Beurteilung der Bindungsbeziehung

Mary Ainsworth[2] entwickelte diesen Test, durch den die Bindungsqualität von etwa Ein- bis Eineinhalbjährigen an ihre Betreuungspersonen erfasst werden können – und zwar aufgrund eines standardisierten Ablaufs von Episoden des Zusammenseins mit der Mutter bzw. der Trennung von ihr in einer fremden Umgebung. Die im Testraum herumliegenden Spielsachen sind zwar interessant und regen auf der einen Seite zu Erkundungsverhalten an, auf der anderen Seite sind die Kinder durch die fremde Umgebung aber auch ein wenig beunruhigt. Sie benötigen daher eher eine Rückversicherung durch die Mutter, was sich an den öfters auftretenden, das Bindungsbedürfnis signalisierenden Verhaltensmustern gut erkennen lässt, wie häufigerer Blickkontakt mit der Mutter oder Wunsch nach direkter körperlicher Nähe. Da die Mutter bei diesem Test abseits von der Spielecke sitzt, sind die Verhaltensweisen des Kindes zur Kontaktaufnahme gut beobachtbar.

In acht Episoden, die jeweils drei Minuten dauern, wird das Kind unterschiedlich stark verunsichernden Situationen ausgesetzt – natürlich nur, wenn es nicht zu heftig reagiert: Mutter und Baby werden von einer Untersuchungsleiterin in den Beobachtungsraum gebracht (Episode 1). Zunächst also mit der Mutter allein muss das Kind sich entscheiden, ob es in der unbekannten Umgebung zur Mutter strebt oder die interessanten Spielsachen erkunden möchte (Episode 2). Drei Minuten später kommt eine fremde Person hinzu (Episode 3). Nach der festgesetzten Zeit verlässt die Mutter den Raum (Episode 4) und kehrt nach weiteren drei Minuten zurück, während gleichzeitig die fremde Person geht (Episode 5). Danach verlässt die Mutter ebenfalls den Raum wieder und das Baby bleibt alleine zurück (Episode 6). Nach drei Minuten kommt die fremde Person erneut herein (Episode 7). In der letzten Episode verlässt die Fremde den Raum, sobald die Mutter zurückkehrt (Episode 8).

Jede Episode verunsichert die Kinder immer stärker. Das heißt, ihr Bedürfnis nach Nähe zur Mutter nimmt zu, die Spielbereitschaft jedoch mehr und mehr ab, da sie immer ängstlicher werden, insbesondere wenn die Mutter gegangen ist und sie in der fremden Umgebung alleine bleiben. Auch nach der Rückkehr der Mutter sind die Kinder verständlicherweise noch stark beunruhigt und spielen nicht mehr so intensiv wie in der Ausgangssituation.

■ **Die übliche Reaktion von Kindern mit einer sicheren Bindung:** Zunächst erkunden die Kinder interessiert das Spielzeug, das in der Spielecke ausgebreitet ist, während sie hin und wieder Kontakt zur Mutter aufnehmen, die etwas abseits sitzt. Verlässt die Mutter den Raum, protestieren die Kleinen zwar, sie beginnen jedoch nicht unmittelbar zu weinen oder zu schreien. Sie rufen zunächst nach ihr, und da sie nicht zurückkehrt, verlieren sie nach und nach das Interesse an den Spielsachen. Sie beginnen, nach der Mutter zu suchen und oft auch zu weinen, wobei die Beruhigungsversuche einer fremden Person erfolglos bleiben. Sobald die Mutter zurückkehrt, wird sie freudestrahlend begrüßt. Die Kleinen suchen ihre körperliche Nähe und wollen von ihr getröstet werden. Nach einer Weile sind sie schließlich beruhigt und beginnen allmählich wieder zu spielen.

■ **Die Reaktionen unsicher gebundener Kinder:** Bei nicht sicher gebundenen Kindern sind verschiedene typische Verhaltensmuster beobachtbar:

Bei einer sogenannten **unsicher-vermeidenden** Bindungs-beziehung zeigen die Kleinen in der Beobachtungssituation zunächst ein anscheinend recht selbstständiges Verhalten. Die Mutter wird während des Spiels insgesamt wenig beachtet, selbst wenn sie den Raum verlässt, scheint es für die Kinder kein Problem zu sein. Sie spielen angeregt mit Fremden und beachten ihre Mutter bei der Rückkehr nicht besonders, suchen also auch keinen Körperkontakt zu ihr. Insgesamt scheinen die Kleinen allein gut zurechtzukommen und zeigen sich wenig beeindruckt von der ungewöhnlichen Situation. Dieses Verhalten lässt – allerdings nur auf den ersten Blick – einen hohen Grad an Selbstständigkeit vermuten (siehe auch S. 19 f.).

Bei einer **unsicher-ambivalenten Bindung** können die Mütter ihre Kinder nur sehr schwer beruhigen, sobald sie verunsichert werden. Die Kleinen haben in der fremden Umgebung starke Angst, den Kontakt mit ihrer Mutter zu verlieren. Sie beobachten die ganze Zeit über, was die Mutter macht. Bisweilen ist es der Mutter in der Testsituation nicht möglich, ihr Kind alleine zu lassen, da es sich anklammert und heftig weinend protestiert. Auf der anderen Seite wehrt es sich manchmal ärgerlich und wütend dagegen, in den Arm genommen und getröstet zu werden, wenn die Mutter es nach der Trennung beruhigen will.

Von einer **desorganisierten Bindungsbeziehung** spricht man, wenn verschiedenste widersprüchliche Verhaltensweisen zusammenfallen, die oft eine Kombination von Reaktionen aus den beiden anderen unsicheren Bindungsbeziehungen sind. So treten beispielsweise Vermeidungsreaktionen gleichzeitig mit starkem Trennungsprotest auf. Oder das Kind gebärdet sich ausgesprochen ärgerlich gegenüber der Mutter, obwohl es zuvor zufrieden alleine spielte. So vielschichtig die Ausdrucksweise bei dieser Bindungsdesorganisation ist, so vielschichtig sind die Hintergründe hierfür. Der desorganisierte Bindungstyp kann in Zusammenhang mit neurologischen Schädigungen des Kindes auftreten, aber auch mit Misshandlung und Vernachlässigung bzw. mit anderen traumatischen oder ungewöhnlichen und belastenden Ereignissen in Verbindung stehen.[3] Deshalb ist diese Bindungsorganisation hier nur der Vollständigkeit halber erwähnt. Sie näher zu erläutern, würde den Rahmen dieses Buches sprengen. Interessierte Leser können mehr in dem Buch von Grossmann/Grossmann *Bindungen, das Gefüge psychischer Sicherheit* nachlesen (siehe Anmerkungen/Literatur, S. 149).

Die Beschreibung der kindlichen Verhaltensweisen im Fremde-Situation-Test sollte Sie jetzt nicht dazu veranlassen, beunruhigt Ihre Kleine zu beobachten, die bei Besuchen kaum von Mamas Schoß klettert, oder den selbstbewussten Zwerg, der neugierig und unbeeindruckt die fremde Wohnung Ihrer Freunde inspiziert. Es gibt einfach kleine Schüchterne, die immer etwas gehemmter in fremder Umgebung sind und die nur »langsam auftauen«, das ist Temperamentssache. Und die ausgesprochen selbstbewusste Variante sollte Sie auch nicht gleich ängstigen: Sie haben nun mal ein extrovertiertes Kerlchen vor sich, das es vielleicht auch durch Ihr großes soziales Netz gewohnt ist, sich unbeeindruckt in fremder Umgebung zu bewegen. Diese Verhaltensweisen müssen keineswegs gleich eine unsichere Bindung signalisieren.

Auch während wissenschaftlicher Untersuchungen sind für eine seriöse Zuordnung der Kinder zu den verschiedenen Bindungstypen mehr als nur die Beobachtungen während der Fremde-Situation nötig, die hier nur grob und im Überblick beschrieben wurden. Alle Untersuchungen der gefilmten Tests gingen mit aufwändigen Verhaltensanalysen durch mehrere trainierte Personen und mit Beobachtungen auch im häuslichen Rahmen einher, um die Persönlichkeitseigenschaften der kleinen Probanden mit einbeziehen zu können.

Bereits im ersten Lebensjahr unterscheidet man verschiedene Temperamente

Schon mit wenigen Monaten unterscheiden sich Kinder in ihrem Temperament, das sich an typischen Reaktionen und Verhaltensstilen festmacht, zum Beispiel anhand der Heftigkeit ihrer Reaktionen, wie leicht sie sich an Veränderungen anpassen können, in welcher Stimmungslage sie vornehmlich sind: Im Babyalter unterscheidet man zwischen »pflegeleichtem«, »schwierigem« und »langsam auftauendem« Temperament.[4]

Wie die Bezeichnung vermuten lässt, ist die Stimmungslage pflegeleichter Babys vorwiegend positiv. Der Tagesablauf ist für Eltern recht bald gut vorhersehbar, da sich relativ schnell zum Beispiel ein Schlaf- oder Stillrhythmus einstellt. Diese Kinder haben keine Probleme damit, sich auf andere Leute und neue Gegebenheiten einzustellen und können sich leicht und gut an veränderte Situationen anpassen. Etwa 40 % werden zu den pflegeleichten Babys gerechnet, während ungefähr 10 % ein schwieriges Temperament haben. Bei ihnen ist der Tagesablauf ziemlich unberechenbar. Sie reagieren eher mit Rückzug auf neue Menschen und Situationen und gewöhnen sich nur schwer an Veränderungen. Vor allem reagieren sie allgemein recht heftig und unwillig. Die langsam auftauenden Kinder hingegen wirken scheu und zurückhaltend und ziehen sich ebenfalls schnell bei unvertrauten Situationen zurück, an die sie sich auch nicht so schnell gewöhnen können. Sie reagieren aber nicht besonders heftig oder negativ. Zu diesen langsam auftauenden Babys zählt man etwa 15 % (die restlichen 35 % der Kinder können nicht eindeutig zugeordnet werden).

Was bedeuten die unterschiedlichen Bindungs-qualitäten konkret für ein Kind?

Die oben ausgeführte Beschreibung der verschiedenen Verhaltensweisen zeigt Ihnen, dass bereits Einjährige verschiedene Strategien entwickelt haben, mit Belastungen umzugehen.

Eine **unsicher-ambivalente Bindung**, bei der ein Kind sich oft ängstlich an die Mutter anklammert, erlaubt den Kleinen in etwas ungewöhnlicheren Situationen kaum, ihre Umgebung zu erkunden, das heißt Erfahrungen zu sammeln. Sie sind viel zu sehr damit beschäftigt, die Mutter ängstlich zu beobachten, um ja nicht den Kontakt zu ihr zu verlieren. Dadurch werden sie in ihren Entfaltungsmöglichkeiten stark eingeschränkt, denn sie können die Angebote der Umgebung durch das andauernd erhöhte Bindungsbedürfnis nicht nutzen.

Auch wenn die **unsicher-vermeidend** gebundenen Kinder zunächst die Gegebenheiten des Fremde-Situation-Tests gut zu meistern scheinen (siehe S. 14), zeigt sich bei genauerem Hinsehen jedoch sehr wohl, dass auch sie – obwohl sie kein Bindungsverhalten signalisieren – durch das Weggehen der Mutter belastet sind. Die Art ihres Spiels deutet dies bereits an, es ist eher ein Beschäftigen denn ein wirkliches Erkunden. Ihre physiologischen Reaktionen zeigen noch eindeutiger ihre Belastung. Sie ist ablesbar an einem erhöhten Herzschlag und dem Ansteigen des Cortisolspiegels, der im Speichel messbar ist – eine Methode, mit deren Hilfe man den Grad der momentanen Stressbelastung zuverlässig erfassen kann.[5] Nur bei unsicherer Bindungsbeziehung war die erhöhte Ausschüttung dieses Stressanzeigers feststellbar, auch noch lange Zeit nach dem verunsichernden Ereignis, nicht jedoch bei sicher gebundenen Kindern.

Unsicher-vermeidend gebundene Kinder sind weder so unbeeindruckt, noch sind sie reifer in ihrer Entwicklung, wie sie durch ihr »cooles« Verhalten nach außen zu signalisieren scheinen. Sie haben vielmehr aufgrund ihrer bisherigen Erfahrungen eine Strategie entwickelt, nach außen unbeeindruckt zu wirken, also nicht zu zeigen, wie stark sie eigentlich erregt sind und wie sehr sie in Wirklichkeit eine Beruhigung durch die Mutter benötigen. Ein Kind, das sich prinzipiell der Zuverlässigkeit und Verfügbarkeit seiner Mutter nicht sicher ist, wird nicht nur schneller verunsichert sein als im Falle einer sicheren Bindung – ihm fehlt darüber hinaus auch eine geeignete Strategie, um sich wieder beruhigen zu können, da es die Nähe seiner Mutter meidet. Zusätzlich zeigt es seine Belastung nicht nach außen, sodass die Umwelt die Angespanntheit des Kindes kaum wahrnehmen und es unterstützen kann. Bereits als Einjährige lassen sich manche ihren Kummer umso weniger anmerken, je stärker sie emotional belastet sind.

Um es noch einmal hervorzuheben: Sicher gebundene Kinder drücken bei der Wiedervereinigung mit ihrer Mutter ihr Bedürfnis nach Nähe aus und können durch angemessene Verhaltensweisen ihren Kummer bewältigen. Unsicher-vermeidend und unsicher-ambivalent gebundene Kinder können jedoch nicht auf eine adäquate, ihren Bedürfnissen entsprechende Bewältigungsstrategie zurückgreifen. Ihre Belastung drückt sich daher bereits im Alter von einem Jahr in einer physischen Ausgleichsreaktion aus, feststellbar anhand den Stress anzeigenden erhöhten Cortisolwerten.[6]

Sicher gebundene Kinder können sich in Belastungssituationen über die Nähe ihrer Eltern beruhigen und ihre Erregung schnell in den Griff bekommen. Unsicher gebundene Kinder konnten keine verlässliche Beziehung zu ihren Eltern aufbauen und sind durch den Mangel an emotionalem Rückhalt schnell zu verunsichern. Sie können so weniger die Angebote der Umwelt zur Exploration und somit zum Erfahrungserwerb nutzen. Die erhöhte Herzschlagfrequenz und die lange anhaltenden erhöhten Cortisolwerte zeigen, dass ihre Strategien zur Bewältigung von Belastungen wenig geeignet sind, selbst wenn sie nach außen unbeeindruckt scheinen.

Bindung stärkt

Ein Erfolgskonzept für die Zukunft

*S*ich an zumindest eine Person binden zu können, ist die Voraussetzung für eine normale Entwicklung eines Kindes. Waisenhäuser, in denen noch Mitte des letzten Jahrhunderts die Betreuerinnen (auch von Säuglingen) täglich, ja manchmal stündlich wechselten, gingen als trauriges Beispiel eines »natürlichen Experiments« in die Geschichte ein: Hygienisch und körperlich zwar gut versorgt, blieben die Babys dennoch bald weit hinter dem altersgemäßen Entwicklungsstand zurück, wurden apathisch und kränklich. Diese Beobachtungen regten René Spitz zu seinen grundlegenden Erkenntnissen zur Mutter-Kind-Bindung an. Unser Wissen um die Hintergründe der gefühlsmäßigen Verbindung zwischen Eltern und Kind entspringt einer jahrzehntelangen, engagierten Forschung und ist untrennbar verbunden mit Namen wie John Bowlby, Mary Ainsworth, den Grossmanns, den Papoušeks und vielen anderen.

Die klassischen Untersuchungen von »Uganda« und »Baltimore« führten zu einem standardisierten Verfahren zur Beurteilung der Bindungsqualität zwischen Eltern und Kind, dem beschriebenen Fremde-Situation-Test. Die so genannten Babywatcher, die mit ihren neuen Methoden erstaunliche Leistungen aufzuspüren vermochten, brachten neuen Schwung in die Erforschung der kindlichen Entwicklung. Die Verhaltensbiologie untersuchte die Funktion und die stammesgeschichtlichen Hintergründe des Bindungsgeschehens. Klinische Untersuchungen belegten die »Wirksamkeit« körperlicher Nähe für die Entwicklung von Neu- und vor allem Frühgeborener – und dies sogar messbar in Gramm und Zentimeter.

Die umfangreichen Ergebnisse aus den verschiedenen Wissenschaftsrichtungen belegen heute den Einfluss der Eltern-Kind-Bindung bis in das Erwachsenenalter hinein.

1 Eine sichere Bindung –

nicht nur Schutzraum für die ersten Lebensjahre

Es sind also nicht die kleinen Anhänglichen, die kaum Mamas Schoß verlassen, und es sind auch nicht die »coolen« Kleinen, die anscheinend niemanden benötigen und frühzeitig so selbstständig wirken, die uns als Einjährige eine gute Bindungsbeziehung kundtun. Der gelungene Aufbau einer Bindung zeichnet sich durch ein ausgewogenes Verhältnis zwischen Bedürfnis nach Nähe und Distanz bzw. Selbstständigkeitsstreben aus. Natürlich stets betrachtet vor dem Hintergrund der altersabhängigen Möglichkeiten.

Als Baby zunächst weitgehend auf die Anwesenheit einer seiner vertrauten Betreuungspersonen angewiesen, wächst mit der Mobilität des Kindes und mit seiner kognitiven Weiterentwicklung erst allmählich die Fähigkeit heran, sich der umsorgenden Eltern auch dann bewusst zu sein, wenn sie nicht direkt wahrnehmbar sind – wenn sie also nicht zu sehen, hören, riechen oder spüren sind. »Belohnen« uns schon die Kleinsten für unser anfängliches Umsorgen und unsere liebevolle Zuwendung durch ihre Ausgeglichenheit und ihr allgemein freundliches Wesen, ihr seltenes Weinen und ihre Zugänglichkeit, so kooperieren sicher gebundene Kinder zusätzlich schon mit einem Jahr mit uns Erwachsenen. Das heißt, sie sind schon früh bereit, auf unsere Anweisungen einzugehen, und sie beginnen bereits früh altersgemäß selbstständig zu agieren. Die anfängliche »Investition« Zuneigung und Zeit kann ein Kind bei einem gelungenen Aufbau der Bindungsbeziehung schon bald in Selbstvertrauen und Selbstständigkeit umsetzen.

Ist die Sicherheitsbasis »Eltern« einmal aufgebaut, können Kinder ihre Umwelt mit viel mehr Zuversicht und Eigenständigkeit erobern und ihren Aktionsrahmen ständig erweitern. Sicher gebundene Kinder brauchen nicht frühzeitig zur Selbstständigkeit erzogen zu werden, sie werden es von allein aus ihrem Sicherheitsgefühl heraus, und zwar früher als andere.

Die körperdistanzierten westlichen Kulturen mit ihren Erziehungsbemühungen um frühzeitige Autonomie verunsichern eher, wie vergleichende Untersuchungen zwischen dem anglo-amerikanischen Kulturkreis und traditionalen Kulturen belegten. Die Kinder der südafrikanischen !Kung-San beispielsweise, bei denen eine körperlich und emotional enge Beziehung zwischen Säugling und Eltern üblich ist, sind allgemein selbstständiger und werden dies auch früher als amerikanische oder englische Kinder.[1] Was im westlichen Kulturkreis frühe Selbstständigkeit vermuten lässt, ist – wie die Beobachtungen bei unsicher-vermeidender Bindungsbeziehung belegen – oft eine erworbene, nach außen gerichtete Unabhängigkeitsdarstellung statt das Ergebnis eines tatsächlichen inneren Selbstständigkeitsgefühls. Es ist bereits am Ende des ersten Lebensjahrs die Antwort des Kindes auf die bisher erfahrene Zurückweisung und abwehrende Reaktion der Eltern auf seine Signale nach Nähe und direkter Zuwendung.

Oft lehnen Einjährige aufgrund dieser Vorerfahrungen tatsächlich Zärtlichkeiten und engen Kontakt von sich aus ab, was dann als Unabhängigkeit missinterpretiert wird. Da zudem das Alleinspiel und eigenständiges Erkundungsverhalten mit Wohlwollen bedacht werden, lernt ein Kind schon früh, sich die Gunst der Eltern zu erhalten, indem es möglichst keine direkten Signale der Bindung an sie richtet, wie beispielsweise Weinen oder Auf-den-Arm-genommen-werden-Wollen. Frühzeitig so unabhängig wirkende Kinder fallen später in Be-

26

Traditionale Gesellschaften – ein Sichtfenster in die Vergangenheit

Traditionale Kulturen leben weitgehend unbeeinflusst von der technisch-zivilisierten Welt naturnah in Kleinverbänden von etwa 40, selten mehr als 150 Personen. Es handelt sich hierbei um Jäger-und-Sammler-Kulturen, um Hirtenvölker oder Ackerbau treibende Gesellschaften. Vor allem Jäger-und-Sammler-Gemeinschaften wie die erwähnten !Kung-San-Buschleute der südafrikanischen Kalahari ähneln in Lebensweise und sozialer Struktur wahrscheinlich stark unseren stammesgeschichtlichen Vorfahren während der Jäger-und-Sammler-Phase. Existieren kulturübergreifende Übereinstimmungen in derartigen Kulturen, dienen diese ursprünglichen Gesellschaften in der Wissenschaft als Modell für diese Lebensweise, an die wir durch unsere genetische Ausstattung nach wie vor angepasst sind.

Verschiedene Aspekte traditionaler Kulturen können beträchtliche Unterschiede aufweisen, da eine teilweise oder vorwiegend sesshafte Lebensweise andere Anforderung stellt als ein Nomaden- oder Jäger-und-Sammler-Leben. Das Betreuungsverhalten weist jedoch derart offensichtliche Übereinstimmungen in allen traditionalen Gesellschaften auf, dass man von einem »evolutionsbiologisch bedingten Basismodell« der Säuglingsfürsorge sprechen kann. Dieses Basismodell ist sogar in bestimmten Aspekten speziesübergreifend gültig, wenn wir unsere nächsten Verwandten mit in die Betrachtung einbeziehen.[2] Die Evolution stellt sich auf dem Gebiet der Pflege des Nachwuchses also konservativ dar, was keineswegs überrascht, denn es steht hier schließlich das Überleben der Nachkommenschaft auf dem Spiel, sodass der evolutiven »Experimentierfreude« enge Grenzen auferlegt sind.

lastungssituationen nicht selten in ängstliche, dem Alter unangemessene Verhaltensweisen zurück. Manchmal benötigen sie eine extrem lange Eingewöhnungszeit in den Kindergarten oder später sogar bei der Einschulung tage-, ja wochenlange Anwesenheit eines Elternteils im Unterricht.

Auch später formen die gesammelten Bindungserfahrungen der ersten Lebensjahre das Weltbild eines Kindes. Hat es von Anfang an Zuneigung, Fürsorge, Mitgefühl, rücksichtsvollen Umgang und für sich selbst begreifbare Reaktionen erfahren, erwartet es dies ebenso von anderen Menschen, wenn es nach den ersten familienbezogenen Jahren neue Beziehungen aufbaut, so wie es selbst mitfühlend und rücksichtsvoll sein kann. Es wird mit ganz normalen Situationen im Kinderalltag anders umgehen, als wenn es eher Zurückweisung und Einschränkung kennenlernte und sich stets ängstlich an den nicht nachvollziehbaren Reaktionen der Eltern orientierte. Ein Kind jedoch, auf dessen Wünsche in den ersten Lebensjahren selten eingegangen wurde, wird sie im Kindergarten kaum plötzlich zum Ausdruck bringen oder seiner eingeschränkten Explorationsfreude auf einmal freien Lauf lassen können. Ist es sich der Hilfe seiner Eltern hingegen sicher, wird es eher bereit sein, Neues und Unbekanntes zu erkunden, das ja auch stets den Aspekt des Verunsichernden und Beängstigenden beinhaltet.

Neugierde und Explorationsfreude können nur vor dem Hintergrund des Vertrauens in die emotionale Sicherheitsbasis gedeihen. Dann kann das gesamte Erfahrungspotenzial genutzt und der Aktionsrahmen von sich aus stetig erweitert werden, da man sich nicht davor fürchten muss, an die Grenzen der eigenen Fähigkeiten zu geraten.

Wenn Zugänglichkeit, Unterstützungsbereitschaft und schützender Rückhalt durch die Eltern den kleinen Krabbler bereits seine Möglichkeiten ausloten und viele spannende Erfahrung in seiner kleinen Welt sammeln lässt, um wie viel mehr verhilft diese innere oder psychische Sicherheit dem Kindergarten- oder Schulkind, seinen Spielraum zu erweitern! Schließlich hat es durch seine ausgedehnteren, außerfamiliären sozialen Kontakte und seine stetig zunehmenden kognitiven Fähigkeiten auch einen größeren Aktionsrahmen, um neue Erfahrungen zu sammeln. Gleichaltrige Freundschaftsbeziehungen spielen hier ebenso eine Rolle wie zusätzliche erwachsene Vertrauenspersonen. Auch wenn Eltern über Jahre hinweg zunächst die nicht in Frage gestellte Wissensautorität Nr. 1 haben (das ändert sich allmählich mit etwa 10 Jahren, bis das kritische Hinterfragen in der Pubertät seinen nervenaufreibenden Höhepunkt erreicht), so braucht ein Kind außerfamiliäre Kontakte, um soziale Sicherheit zu gewinnen und seine persönliche Identität zu entwickeln.

Eine sichere Bindung ist im Vorschul- und Schulalter auch dadurch charakterisiert, dass ein Kind seine eigenen Gefühle deutlich wahrnehmen und richtig interpretieren kann, aber auch die der anderen. So kann es flexibel und kreativ mit emotionalen Belastungen umgehen und im sozialen Umgang mit Gleichaltrigen angemessen reagieren. Diese Kinder können aber nicht nur positive wie negative Gefühle deutlicher wahrnehmen und auch zeigen, sondern auch verbal kompetent damit umgehen. Sprachliche Fähigkeiten haben also nicht nur im Schulalltag einen wichtigen Stellenwert, sondern auch im sozialen Umfeld.[3]

Zeichnen sich Kinder mit einer sicheren Bindungsbeziehung schon sehr früh durch konzentriertes sowie lang anhaltendes Alleinspiel aus, agieren sie später in Spielgruppen ebenfalls kompetent und selbstbewusst. Sie halten kreativ und umsichtig einen Spielfluss in Gang und tragen durch ihr soziales Geschick zur Lösung von Konflikten bei, da sie die Intentionen anderer gut einschätzen können und deren Handlungen realistisch und meist wohlwollend beurteilen. Unsicher gebundene Kinder hingegen unterstellen bei Störungen eher negative Beweggründe, reagieren folglich schneller ablehnend oder feindselig. Die allgemein negative Erwartungshaltung, die häufig auch zu Fehldeutungen von Situationen führt und ein solches Kind feindselig oder aggressiv werden lässt, führt seinerseits dann zu einer geringen Akzeptanz in der Gleichaltrigengruppe, gegebenenfalls sogar zu einer Außenseitersituation.

Im Jugend- und Erwachsenenalter wirken sich sichere Bindungserfahrungen in der Familie wiederum positiv auf Freundschaftsbeziehungen und die Bewältigung von schwierigen Lebenssituationen aus. Bereits als Jugendliche haben solche Menschen eine reife Vorstellung von Freundschaft. Ihre Konfliktstrategien sind angemessen und weniger vermeidend, und sie greifen – wie auch schon in früheren Altersstufen – auf ihr soziales Umfeld zurück, wenn sie an die Grenzen ihrer Möglichkeiten stoßen. Das lässt sie realistisch und lösungsorientiert mit Problemen und kritischen Einschnitten im Leben umgehen.

Eine weniger gelungene Bindungsbeziehung spiegelt sich im Jugendalter nicht nur in emotionaler Distanziertheit zu den Eltern und schlechtem Konfliktmanagement mit ihnen wider, sie bitten generell andere weniger um Hilfe, selbst wenn es angebracht wäre. Das starke Unabhängigkeitsbedürfnis ist oft mit einer Selbstdarstellung gepaart, bei der sie sich in einem bedeutend besseren Licht sehen, als andere sie einschätzen. Es gäbe hier noch so manches zu erwähnen, wie die größere Anfälligkeit für verschiedene Erkrankungen, das oft geringe Selbstwertgefühl und wenig ausgeprägte Körpergefühl. Natürlich treffen die üblicherweise mit unsicherem Bindungsgeschehen korrelierten Eigenschaften nicht auf jede einzelne untersuchte Person zu. Auch ungünstige Bindungserfahrungen können mit einem realistischen Selbstbild oder geeignetem Konfliktmanagement einhergehen. Im Gesamtbild jedoch bestehen klare Zusammenhänge und erklären weite Teile der Persönlichkeitsstruktur eines Kindes, Jugendlichen oder Erwachsenen.

Eine gelungene Beziehung zu den Eltern geht nicht nur im

Bindung stärkt

Jugendalter mit einer positiveren Identität einher, sondern mit einer allgemein größeren Ausgeglichenheit und Zufriedenheit mit dem eigenen Leben bzw. dem Freundeskreis und mit einem flexiblen, kreativen Umgang in verschiedensten Situationen und menschlichen Beziehungen. Wie Langzeituntersuchungen belegen, hat sie auch – wenig überraschend – Einfluss auf die späteren partnerschaftlichen Beziehungen und schließlich auch auf das Verhalten dem eigenen Kind gegenüber.[4]

Um es aber nochmals zu betonen: Eine misslungene Bindungsbeziehung in den ersten Lebensjahren ist dennoch nicht schicksalhaft für das ganze Leben, wie die Wissenschaft über lange Jahre hinweg annahm. Es besteht zwar meist eine Korrelation zwischen der früheren Bindungsqualität und der Bindungsrepräsentation im Erwachsenenalter. Man übersah hierbei jedoch, dass sich die Bindungsbeziehungen zwischen Eltern und Kind bzw. Jugendlichen im gesamten Entwicklungsverlauf normalerweise nicht ändern können, weil die Interaktionsmuster in einer Familie üblicherweise gleich bleiben und sich so die anfänglich missglückte Bindungsbeziehung über Jahre hinweg immer weiter stabilisiert. Intervention ist möglich – sie muss jedoch zunächst bei den Eltern ansetzen und die Kontinuität der elterlichen Verhaltensweisen aufbrechen. Therapien und Beratungen können Eltern in die Lage versetzen, eine veränderte Beziehung innerhalb der Familie herbeizuführen, sodass sich mit viel Einsatz die ungünstigen Einflüsse aufarbeiten lassen und die Bindungsbeziehung des Kindes eine positive Wendung erhält.

> **Eine liebevolle Unterstützung während der frühen und späteren Kindheit ist die Grundlage, auch mit negativen Erfahrungen umgehen zu können und verhindert das Gefühl der Hilflosigkeit und des Ausgeliefertseins. Von der frühen Wertschätzung der Eltern kann ein Individuum sein Leben lang zehren, da sie den Weg zur psychischen Sicherheit einer Persönlichkeit ebnet.**

2 »Elterliche Feinfühligkeit« – das Zauberwort in der Bindungsforschung

Was zeichnet diese kleinen Beziehungsüberflieger und diese Supereltern aus, denen das Phänomen »sichere Bindung« gelingt? Selbstverständlich gibt es kein Patentrezept und schon gar keine alltäglich abzuhakende Gebrauchsanweisung. Schließlich handelt es sich bei jedem Elternteil um ein Individuum mit all seinen Besonderheiten. Und auch ein Kind ist vom ersten Tag an eine Persönlichkeit mit einzigartigen Eigenschaften. Auch wenn es manchem vielleicht etwas widerstreben mag: Sowohl unsere Gene als auch unsere Umwelt – das heißt unsere Erfahrungen, die wir in unserem bisherigen Leben machten – »stricken« an unserer Persönlichkeit und »machen« uns zu dem, was wir sind. Weder sind wir also ein ausschließliches Produkt unserer Gene noch ein alleiniges Ergebnis der Erziehungsbemühungen unserer Umwelt.

Wir sollten uns stets bewusst sein, dass ein Baby vom ersten Tag an lernt. Es lernt, wie seine Eltern aussehen, es lernt, wie seine Eltern sich verhalten, es lernt, wie seine Eltern auf seine Signale reagieren. Es erfasst genauso, welche seiner Verhaltensweisen beantwortet werden – oder eben nicht – und es nimmt genau wahr, auf welche negativ bzw. positiv reagiert wird. Es erspürt sehr bald, ob seine Eltern üblicherweise für seine Gefühle und seine Nöte ansprechbar sind, und entwickelt schon nach einem Jahr in Abhängigkeit von seinen bisherigen Erfahrungen eigene Strategien, mit Belastungen umzugehen.

Babys besitzen also ein immenses Lernpotenzial, und sie sind von Anfang an soziale Wesen, das heißt, ihre besondere Aufmerksamkeit gilt der Interaktion mit anderen Menschen. Neugeborene betrachten vor allem Gesichter interessiert und bevorzugen die menschliche Stimme, insbesondere die weibliche mit ihrer etwas höheren Tonlage. Ihre liebsten »Lernobjekte« sind zunächst die Eltern. Eigentlich verständlich, denn sie sind es ja, die ihm an erster Stelle im Laufe seiner Entwicklung all die Informationen vermitteln, die es benötigt, um ein akzeptiertes und integriertes Mitglied in einer sozialen Gemeinschaft zu werden.

Zunächst sind die Fähigkeiten eines Kindes noch begrenzt. Die meisten, aber nicht alle Sinne sind im Neugeborenenalter ausgereift, und auch seine Kommunikationsfähigkeit ist anfangs noch sehr auf Unterstützung angewiesen. Dennoch reagiert bereits ein Neugeborenes differenziert auf seine Umwelt und auch auf Veränderungen. Bevorzugt es anfangs den vertrauten Geruch des Fruchtwassers, zieht es nach vier Tagen dagegen den der Muttermilch vor. Ein Baby lernt also auch schnell um, wenn ihm Neues in angemessener Form dargeboten wird.

Besonders gut gelingt dies, wenn ihm die neuen Informationen im direkten Körperkontakt vermittelt werden.[1] Anhand der Antworten auf seine Aktionen und Reaktionen lernt ein Baby ununterbrochen während seiner sozialen Interaktionen, aber es braucht Unterstützung – und je kleiner es ist, umso mehr. Es ist daher nicht weiter erstaunlich, dass das Bindungsgeschehen anfänglich vor allem von den Verhaltensweisen auf Erwachsenenseite bestimmt wird. Familienbeobachtungen im Zusammenhang mit den erwähnten Fremde-Situation-Tests (siehe S. 14) zeigten, dass sich anhand der Art und Weise, wie Mütter mit ihrem Baby um- und auf es eingingen, bereits *vor* den Tests Aussagen machen ließen, ob sich eine sichere Bindung zwischen den beiden etabliert hatte oder nicht.

Bestimmte Verhaltensweisen helfen dem Baby, eine sichere individuelle Bindung aufzubauen, körperliche Anwesenheit alleine genügt nicht. Mary Ainsworth[2], die Vorreiterin der empirischen Bindungsforschung, fasste sie zu drei Verhaltenskomplexen zusammen: elterliche »Feinfühligkeit«, Bereitschaft, mit dem Baby zu »kooperieren« und es so, wie es ist, »anzunehmen«.[3]

Elterliche Feinfühligkeit – grundlegend für eine sichere Bindung

Feinfühlig mit seinem Kind umgehen heißt:

- *Sein momentanes Befinden wahrnehmen, und zwar frühzeitig.* Gemeint ist nicht einfach nur, mit dem Füttern seines Babys nicht zu warten, bis sich seine Signale zu einem wahren Crescendo gesteigert haben. Die alltäglichen Kleinigkeiten sind es vielmehr, die wahrzunehmen sind: die vielfältigen Zeichen zur Kontaktaufnahme und Spielbereitschaft, der suchende Blick, die leiseren Unmuts- oder Wohligkeitslaute. Auf diese Zeichen frühzeitig reagieren zu können, setzt voraus, dass die Mutter eine hohe Wahrnehmungsbereitschaft für die Signale ihres Kindes hat, also wirklich schnell ansprechbar und antwortbereit ist.
- *Die Signale des Babys richtig interpretieren, und zwar aus Sicht des Babys und nicht aus der eines Erwachsenen heraus.* Auch wenn es anscheinend die übliche Zeit für eine kleine Mahlzeit ist, muss nicht jede Unmutsäußerung Hunger bedeuten. Und nicht immer will ein Baby mit den Eltern interagieren, wenn es wach ist, sondern möchte vielleicht seinen eigenen Körper erkunden und seine neuen Fertigkeiten erproben. Auch ein Baby kann bereits auf seine Art »Nein« sagen.

- *Angemessen reagieren, das heißt die tatsächlichen Bedürfnisse adäquat und somit auch altersgemäß erfüllen.* Ein weinendes Kind, das eigentlich durch eine Umarmung seiner Eltern getröstet werden möchte, kann stattdessen auch durch das Anbieten der Lieblingsschokolade abgelenkt und beruhigt werden, und doch entspricht dies keineswegs seinen momentanen Bedürfnissen. Einem Kind das zu geben, was es gerade braucht, ist im frühen Babyalter nicht immer einfach und setzt genaues Beobachten voraus, und manchmal müssen Eltern dafür sogar alle erdenklichen Register ziehen. Doch mit der Zeit, das heißt mit dem immer besseren Kennenlernen ihres Kindes, wird dies Vätern und Müttern natürlich auch immer perfekter gelingen.

- *Prompt auf die Signale reagieren, sodass das Baby einen Zusammenhang zwischen seinen Aktionen und der Reaktion der Eltern herstellen kann.* Dies vermittelt dem Kind schon sehr früh das Gefühl, nicht hilflos seiner Umwelt »ausgeliefert« zu sein, sondern etwas bewirken zu können. Gerade die kurze Abfolge von »Signal des Babys« und »Reaktion des Interaktionspartners« scheint besonders wichtig zu sein, denn die Gedächtnisspanne des Säuglings ist zunächst recht kurz, besonders bei komplexen Reizen und Verhaltensabläufen.

Die Begriffe Feinfühligkeit, Sensitivität und Responsivität

In wissenschaftlichen Darstellungen werden die Begriffe *Feinfühligkeit, Sensitivität* und *Responsivität* nicht einheitlich gehandhabt. Feinfühligkeit wird meist mit »Sensitivität« gleichgesetzt, manchmal sogar mit »Responsivität«. Responsivität möchte ich im Sinne der schnellen, prompten Antwort verwenden, das heißt als Teil der Feinfühligkeit.

Sein Kind »annehmen« und mit ihm »kooperieren« – wichtig von klein auf

Sein Baby annehmen bedeutet, es von Anfang an als ein eigenständiges kleines Wesen mit eigenen Empfindungen, eigenen Wünschen und Absichten zu sehen. Es muss zwar geschützt und umsorgt werden, dennoch ist es ein autonom denkendes und fühlendes Individuum. Und Sie können sich sicherlich vorstellen, dass ein Kind bereits im Babyalter erfühlen kann, ob seine Bedürfnisse und Wünsche von den Eltern überwiegend als Störfaktor im bisherigen Tagesablauf betrachtet werden oder ob die weniger genehmen Veränderungen einfach als »notwendiges Beiwerk« zu etwas Neuem, Interessantem, als insgesamt Bereicherndes empfunden wird. Betrachtet man ein Kind selbst im Babyalter als ein Individuum mit eigenen berechtigten Bedürfnissen und Ansprüchen an die Umwelt, so wird man stets auch versuchen, diese mit in die Tagesplanung und die momentanen Entscheidungen einzubeziehen, und nicht die Erwachsenenbedürfnisse auf Kosten des Kindes durchzusetzen.

»Das muss die Kleine lernen«, ist manchmal eine Entschuldigung dafür, dass man seine Tagesplanung nicht durch die Bedürfnisse eines Kindes durcheinanderbringen lassen will. Sicherlich, ein Kind muss so manches seine Wünsche Einschränkende lernen, sobald es den Babyschuhen entwachsen ist, schließlich soll es sich zu einem integrierten Mitglied einer sozialen Gruppe entwickeln. Doch gerät dies zum Grundprinzip, werden dem Kind die Erwachsenen-Entscheidungen übergestülpt. Die Fähigkeit, sich in die altersgemäße Situation eines Kindes hineinzuversetzen und es in die Aktivitäten partnerschaftlich einzubeziehen heißt, mit seinem Baby zu kooperieren und es in all seinen Facetten zu akzeptieren.

Sein Kind anzunehmen und mit ihm zu kooperieren, ist eng mit der elterlichen Feinfühligkeit verbunden. Teils mögen die drei erwähnten Verhaltenskomplexe schwierig gegeneinander abzugrenzen sein – Eltern als Praktiker müssen das auch gar nicht – und tatsächlich geht kooperatives Verhalten und Akzeptanz bei den Untersuchungen mit feinfühligem Verhalten einher. Doch die Umsetzung dieser Verhaltenskomplexe – die Eltern meist ohne großes Nachdenken gelingt – vermitteln einem Baby schon früh das Gefühl, nicht nur Antwort auf seine Signale zu erhalten, sondern dass es auch Wirkung erzielen kann. Werden sein Unbehagen zuverlässig beendet und seine Bedürfnisse erfüllt, fühlt es sich angenommen und geschätzt – eine wichtige Grundlage für den Aufbau einer sicheren Bindungsbeziehung.

Eine unendliche Geschichte – das Thema Verwöhnen

Vielleicht beschlich Sie bei den Punkten zur Feinfühligkeit hin und wieder ein leises Unbehagen. Sein Baby beständig im Auge behalten, um nur ja mitzubekommen, welche Signale es an seine Mitmenschen sendet, alles stehen und liegen lassen und sofort reagieren, postwendend seine Bedürfnisse erfüllen: Ist das nicht ganz schön anspruchsvoll? Wie oft hören Eltern von der älteren Generation: »Bei jedem Mucks rennst du gleich los. Du verwöhnst ihn ja jetzt schon. Wenn du so weitermachst – na danke, das kann ja heiter werden.« Die Angst vor dem verwöhnten Kind geht nicht erst heute um. Der Titel »Die verwöhnten Kleinen« brachte es zum Leitartikel im Magazin *Spiegel*, das Buch *Der kleine Tyrann* wurde ebenso ein Renner wie *Lob der Disziplin*.[4]

Kein Zweifel, Kinder muss man zur rechten Zeit einen Verhaltensrahmen geben und auch Grenzen setzen. Bei diesen Artikeln und Büchern geht es jedoch um Kinder, die den Babyschuhen längst entwachsen sind und die, um sich in einem sozialen Umfeld zurechtfinden zu können, einen ihrem Entwicklungsstand entsprechenden Handlungsrahmen benötigen, der sowohl klare Grenzen setzt als auch genügend Handlungsspielraum lässt. Im Babyalter jedoch kann man ein Kind durch seine Zuwendung und Bereitschaft, seine Bedürfnisse wahrzunehmen und zu befriedigen, nicht verwöhnen. Denn »verwöhnen« heißt, ihm etwas zu geben, was es nicht wirklich benötigt, ihm abzunehmen, was es selbst kann.

Eltern werden allzu oft davon abgehalten, ihr Baby aufzunehmen, wenn es anscheinend ohne Grund weint, das heißt ohne dass es hungrig ist, gewickelt werden muss oder sonstige Pflegemaßnahmen erforderlich sind. Die mahnenden Stimmen setzen vor allem dann an, wenn es um das Gewähren von Körperkontakt und Anwesenheit geht. Das Verlangen eines Kindes nach Nähe und Körperkontakt ist jedoch ein Grundbedürfnis und entbehrt jeglichen Verwöhnaspekts. *Ähnlich wie das Verlangen nach Nahrung und Wärme, ist das Bedürfnis nach Nähe grundlegend.* Denn ein Baby gehört zu dem sogenannten Jungetypus »Tragling«. Das heißt, angeborenermaßen ist ein Kind weit über das Babyalter hinaus daran angepasst, ständig im Körperkontakt mit oder in direkter Nähe zu einer ihm vertrauten Person zu sein. Diese Nähe gibt ihm die Gewissheit, nicht verlassen zu sein. Ein klein wenig stammesgeschichtliches Denken ist hier vielleicht angebracht, um diesen Aspekt in seiner Tragweite für ein Baby nachvollziehen zu können. Lesen Sie selbst:

Das Traglingskonzept – ein stammesgeschichtlicher Aspekt mit praktischen Konsequenzen

Auch wenn es uns nicht behagen mag: Wir sind auch heute noch hinsichtlich unserer genetischen Ausstattung an ein Sammler- und Jägerdasein angepasst. Und natürlich trifft dies

Die biologische Ausstattung des Menschen, angepasst an ein Jäger-und-Sammler-Dasein

Die Menschheit entwickelte auf der Jäger-und-Sammler-Stufe wahrscheinlich die meisten seiner genetisch festgelegten Verhaltensweisen als Anpassung an die damalige Lebensumwelt (Jungsteinzeit). Der heutige Mensch ist etwa 40.000 Jahre alt und begann vor zirka 10.000 Jahren sesshaft zu werden – eine viel zu kurze Zeitspanne, als dass sich irgendwelche genetischen Anpassungen an die veränderten Lebensbedingungen hätten manifestieren können. Zudem pflegen manche traditionalen Kulturen auch heute noch eine nomadische oder halbnomadische Lebensweise.

Der moderne Mensch ist folglich nach wie vor an ein Jäger-und-Sammler-Dasein in kleinen Gruppen angepasst. Unsere Vorfahren lebten ursprünglich wahrscheinlich in Sozialverbänden von etwa 40 Individuen, später maximal etwa 150 Personen. Vor zirka 6000 Jahren verschoben sich die Gemeinschaften zunehmend in Richtung großer, komplexer Gesellschaften. In unserer modernen Zeit entsprechen die Gegebenheiten kaum noch den Umweltbedingungen, an die wir genetisch am besten angepasst sind – am ehesten dürften sie noch bei den heute existierenden Jäger-und-Sammler-Völkern zu finden sein. John Bowlby (siehe auch Anmerkung 3) nannte diese unserer genetischen Ausstattung entsprechenden Lebensbedingungen auch »die Umwelt der evolutionären Angepasstheit«. Aus dieser Grundidee wurde die sogenannte »mismatch theory« entwickelt, die davon ausgeht, dass sich die Diskrepanz zwischen der Umwelt, an die wir genetisch ausgerichtet sind, und unserer tatsächlich gegebenen Umwelt in Verhaltensauffälligkeiten oder -pathologien äußern kann. Ein Beispiel dafür dürften die Wochenbettdepressionen sein oder auch die durch die nicht traglingsgerechte Betreuung veranlasste angeborene Hüftdysplasie im Säuglingsalter.[5]

auch für ein Neugeborenes zu, das sogar viel stärker als wir Erwachsenen auf seine biologische Ausstattung zurückgreifen muss. Vom Beginn unserer Stammesgeschichte an – vor etwa 5 Mio. Jahren – musste aufgrund der nomadischen Lebensweise des Menschen der Nachwuchs von der Mutter ständig mitgenommen werden. Irgendwo zurückzubleiben bedeutete folglich für einen Säugling in stammesgeschichtlicher Vorzeit höchste Lebensgefahr, denn dies hieß Trennung von seiner ihm Schutz gebenden Mutter und Gruppe und somit auch leichte Beute für einen Raubfeind zu sein. Mit allen ihm zur Verfügung stehenden Mitteln musste ein sich verlassen fühlendes Kind daher versuchen, seine Mutter herbeizurufen. Auf der anderen Seite bedeutete die Wahrnehmung von Körperkontakt und Bewegung für ein Baby, dass es geschützt und umsorgt war. Nicht umsonst sind Wiegen solch erfolgreiche Beruhigungshilfsmittel, da sie Bewegtwerden simulieren, was stammesgeschichtlich gesehen nur möglich war, wenn ein Kind getragen wurde.[6]

Und auch heute ist es noch so: Kann ein Baby keine seiner ihm vertrauten Menschen wahrnehmen – also weder sehen, hören, riechen, erfühlen noch Bewegung spüren –, fühlt es sich verlassen. Von der Verhaltensdisposition eines Säuglings ausgehend eine ausgesprochen beängstigende, ja lebensbedrohende Situation. Vor diesem Hintergrund ist es keineswegs überraschend, dass ein Baby in den ersten Lebensmonaten zu weinen beginnt, sobald man es zum Schlafen in einem separaten, ruhigen Raum niederlegt. Gehen Eltern von den Bedürfnissen eines Erwachsenen aus, für den Ruhe die beste Voraussetzung zum Einschlafen ist, bringen sie ihr Baby jedoch damit in eine emotionale Notlage. Durch sein Weinen wird es sein Verlassensein signalisieren und die Eltern herbeirufen wollen – ein stammesgeschichtliches Erbe aus der Jäger-und-Sammler-Phase der Menschheit.

Bindung stärkt

Der »Tragling« – einer der drei gängigen Jungentypen

Der Nachwuchs der verschiedenen Säugetierspezies wird, entsprechend ihres Entwicklungsstandes bei der Geburt, in der Biologie in drei große Kategorien eingeteilt. Angepasst an die Lebensweise der jeweiligen Tierart kommen die Jungen der sogenannten »**Nesthocker**«, zu ihnen zählen junge Mäuse, Katzen oder Kaninchen, wenig weit entwickelt zur Welt. Blind, nackt – zumindest im ursprünglichen Typ – und kaum zur Fortbewegung fähig, verbringen sie die erste Zeit ihres Lebens zunächst im Schutz und der Wärme des Nestes. Die Mutter kehrt zum Säugen nur in größeren Zeitabständen zurück – manchmal sogar nur einmal am Tag. Entsprechend ist der Fett- und Eiweißgehalt der Muttermilch vergleichsweise hoch, da die Nahrungsgaben längere Zeit vorhalten müssen. Ansonsten bleibt der Nachwuchs weitgehend alleine zurück. Sind die Jungen schließlich mobiler und können die Umgebung erkunden, suchen sie bei Beunruhigung nicht die Mutter, sondern flüchten sofort in den Schutz des Baus.

Die sogenannten »**Nestflüchter**«, zu denen unter anderem Herdentiere wie Pferdefohlen, Gnus oder Elefanten gehören, kommen so weit entwickelt zur Welt, dass sie wenige Stunden nach der Geburt dem Muttertier nachfolgen und bald in den Schutz der Herde zurückkehren können. Ihre Sinne sind dementsprechend schon bei der Geburt voll funktionsfähig, sie müssen eine ausgereifte Temperaturregelung haben und zu artentsprechender Fortbewegung fähig sein. Mutter- und Jungtier weichen einander zunächst kaum von der Seite und bei Gefahr bleibt das Junge möglichst dicht bei seiner Mutter.

»**Traglinge**« wie beispielsweise die verschiedenen Affenarten, Faultiere und Ameisenbären, natürlich auch unsere nächsten Verwandten wie Schimpansen, Bonobos und Gorillas, kommen zwar mit funktionsfähigen Sinnesorganen zur Welt, sind jedoch nicht zur artgemäßen Fortbewegungsweise fähig. Physiologisch dennoch weit entwickelt, klammern sie sich mit Händen und Füßen ins Fell des Muttertiers und sind so ständig in engem Kontakt mit ihr, während sie auf Nahrungssuche umherzieht. Irgendwo alleine zurückzubleiben, selbst wenn es bereits selbstständig umherlaufen kann, ist für das Jungtier lebensbedrohend. Bei Gefahr flüchtet es sofort zur Mutter und klammert sich an ihr fest.

Und nochmals: Seinem Baby in den ersten Lebensmonaten viel Körperkontakt und Zuwendung zu geben, verwöhnt es keineswegs, sondern erfüllt vielmehr seine Grundbedürfnisse nach Schutz gebender Nähe. Wie bereits erwähnt, kann ein Baby in seinen ersten Lebensmonaten noch nicht verstehen, dass es keineswegs in Gefahr ist, wenn es alleine bleibt. Denn es kann kognitiv noch nicht erfassen, dass es seine betreuenden Menschen weiterhin gibt und es von ihnen auch weiterhin umsorgt wird, obwohl sie nicht wahrzunehmen sind. Die sogenannte »Objektpermanenz«, die sich hinter der Fähigkeit verbirgt, zu wissen, dass Dinge und Personen noch existieren, auch wenn sie nicht wahrgenommen werden können, ist in Ansätzen mit etwa einem halben Jahr nachweisbar. Ungefähr mit neun Monaten beginnt ein Kind dann tatsächlich nach Gegenständen zu suchen, die aus seinem Blickfeld verschwunden sind.

Vor diesem Hintergrund sollte der Anspruch mancher Eltern, dass ein Baby schon früh alleine einzuschlafen hat, nochmals gründlich überdacht werden, denn wir verlangen von einem Säugling damit eine Leistung, zu der er in den ersten Lebensmonaten auch kognitiv nicht fähig ist. Sicher, ein Baby kann lernen, dass sein Weinen erfolglos bleibt. Jedoch ändert sich damit nichts an seiner momentanen Bedürfnislage und seinen Ängsten. Es findet sich irgendwann gegebenenfalls damit ab, dass seine Appelle an die Eltern nicht beantwortet werden, doch wird dies den Aufbau einer vertrauensvollen Bindungsbeziehung zu ihnen ungünstig beeinflussen.

Aus dem Status des Traglings ergibt sich: Körperkontakt und Nähe seiner Eltern ist ein Grundbedürfnis, das es zu erfüllen gilt. Es ist wie die Nahrungsaufnahme in unseren genetischen Verhaltensprogrammen verwurzelt. Eltern sollten im täglichen Ablauf dem Bedürfnis nach Nähe daher einen ähnlichen Stellenwert zuerkennen wie Stillen, Wickeln und andere Pflegemaßnahmen. Besonders das Tragen bekommt in diesem Zusammenhang eine besondere Bedeutung, denn es ist dem Baby vertraut und tut ihm rundum gut.

Das Traglingskonzept – ein Einstellungswandel in der Betreuung ist nötig

Nach wie vor insgesamt als Jäger und Sammler »konzipiert«, ist auch der Nachwuchs des heutigen Menschen an die nomadische Lebensweise angepasst und noch immer ein Tragling, wenn auch in einer ganz spezifischen Variante. Sich wie Schimpansen- und Gorillajungen mit Händen und Füße im Fell der Mutter festzuhalten, ist dem menschlichen Säugling nicht mehr möglich. Der noch rudimentär vorhandene Greifreflex ist lediglich eine Reminiszenz an die stammesgeschichtliche Vorgeschichte des Menschen. Die Umgestaltung der hinteren Extremitäten zum reinen Lauffuß leitete die von den Menschenaffen abweichende Entwicklung des menschlichen Traglings bereits am Fuße unserer Stammesgeschichte ein.
Parallel zu den mit dem aufrechten, zweibeinigen Gang einhergehenden anatomischen Veränderungen »entwickelte«

der Mensch eine neue »Tragetechnik«, um den an die nomadische Lebensweise angepassten Traglingsstatus aufrechterhalten zu können: Der Nachwuchs klammerte sich nun im
seitlichen Hüftsitz mit den gesamten Beinchen an der Mutter
an. Der Rutsch von der frontalen Orientierung zum seitlichen
Sitz erforderte kaum Anpassungen. Der menschliche Tragling
war durch seine bisherige anatomische Ausstattung an diese
neue Position »prä-adaptiert« – ein Signalwort in den Evolu-
tionswissenschaften. Als die Reduktion des Haarkleides auch
den Greifreflex der Hände wirkungslos machte, wurde es nötig, dass sich die Mutter stärker am Tragen beteiligte. Sie
musste den Oberkörper des Babys mit einem Arm abstützen.

Die aktive Beteiligung des Säuglings am Getragenwer-
den können Eltern direkt spüren, sobald sie heftigere Bewegungen vollführen: Das Baby presst sofort die Beinchen
fester an. Den Hüftsitz bereitet ein Säugling normalerweise
zudem aktiv durch das Anhocken der Beinchen vor, sobald
er hochgehoben wird und den Bodenkontakt verliert. Wie
sehr der menschliche Säugling nach wie vor an das Getra-
genwerden angepasst ist, zeigt auch, dass die stark ange-
hockte und leicht gespreizte Beinhaltung, die er im seitlichen
Hüftsitz einnimmt, zu einer idealen, zentrischen Orientierung des Oberschenkelkopfes in die Hüftgelenkpfanne führt,
die einer Hüftdysplasie oder gar Hüftluxation vorbeugt.[7]

Nur kurz das wichtige Thema Stillen – vor dem Hintergrund des Verwöhnarguments

Glücklicherweise ist Stillen für immer mehr Mütter eine
Selbstverständlichkeit. Wenn auch oft nur wenige Monate, ab
4 Monaten werden schon rund 40 % der Kinder nicht mehr

44

gestillt, mit 6 Monaten etwa 50 %.[8] Dabei ist Stillen mehr, als nur den Hunger des Babys zu befriedigen. Schon nach etwa 4 Minuten hat es nämlich mehr als 80 % der zur Sättigung notwendigen Menge getrunken. Wenn aber im Normalfall bei uns ein Kind 25 Minuten an der Brust nuckelt, so genießt es dies – nicht umsonst spricht man auch von Trost- oder sogar besser von Kontaktsaugen. Stillen ist wohl eine der intensivsten und innigsten Kontaktmöglichkeiten für ein Baby. Es spürt die Brustwarze der Mutter, nimmt ihren Geruch wahr, wird gehalten, kann seine Mutter anschauen und ihre Wärme fühlen – und dazu wird sogar noch sein Hunger- und sein Nähebedürfnis befriedigt.

Eine rundum wundervolle Sache für das Baby, wenn es nur nicht manchmal derart darum kämpfen müsste. In traditionalen Kulturen gibt es keine Diskussion, sobald das Baby Hunger hat, wird es gestillt. Auf eines seiner grundlegendsten Bedürfnisse wird sofort eingegangen – und bei den hierzulande üblichen Gepflogenheiten muss es manchmal 4 Stunden und mehr warten. Nicht nur dass dies völlig unphysiologisch ist – das Hungergefühl des Babys folgt einem eigenen Rhythmus, einer Kombination aus dem momentanen Wachstumstempo, den individuellen Eigenschaften des Babys und natürlich auch der Bildung und Beschaffenheit der Muttermilch. Denn der geringe Fett- und Eiweißgehalt der Milch ist an kurze Stillabstände und nahezu unbeschränkten Zugang zur Brust der Mutter angepasst. Dem Baby wird außerdem bei einem auferzwungenen Stillrhythmus vermittelt, dass eines seiner grundlegenden Bedürfnisse nicht berücksichtigt wird, sodass es sich einflusslos erleben muss.

Und all das nur, weil – wieder einmal – das Verwöhnargument angeführt wird, auch wenn es manchmal verbrämt ist hinter Argumenten wie Verhindern von Verdauungsstörungen und Blähungen, Erbrechen und Durchfall, Übergewicht und, und, und. Die berühmte 4-Stunden-Regel kursiert nach wie vor auf so manchen Säuglingsstationen mit dem Argument, auf diese Weise dem Baby einen Einstieg in einen geregelten Tagesrhythmus zu erleichtern. Dabei ist das am Kind ausgerichtete Stillen ein wichtiger Förderer der Bindungsbeziehung, eine Möglichkeit, die Mutter intensiv über alle Sinnessysteme wahrzunehmen und kennenzulernen, Trost und Schutz zu finden. Auch vor dem Hintergrund unseres Wissens um die Traglingsnatur des Babys sollte ein selbstbestimmter Stillrhythmus selbstverständlich sein und somit einen auferlegten 4-Stunden-Rhythmus ad absurdum führen.

Stillen ist in traditionalen Kulturen zwanglos, selbstreguliert und problemlos. Koliken sind unbekannt, auch das Ausspucken der Milch, ebenso das bei uns übliche Halten über der Schulter und das berühmte Bäuerchen.[9] Die Gründe sieht man mit darin, dass die Kleinen nach dem Stillen in traditionalen Kulturen durch das ständige Tragen meist bald wieder aufrecht sitzen. Falls es Verdauungsprobleme gäbe, würde das Bäuchlein dabei automatisch massiert. Außerdem bereiten die kleinen Portionen wenig Schwierigkeiten, die ein Säugling durch das häufige Stillen aufnimmt. Dagegen steigert das Füttern nach Plan die Schrei- und Unruhezeiten, wie durch umfangreiche Untersuchungen belegt wurde (siehe auch S. 34, 135). Dies widerspricht sowohl den physiologischen als auch den emotionalen Bedürfnissen der Kleinen.

Eine sichere Bindung kann ein Baby zu jenen Menschen aufbauen, die seine Bedürfnisse prompt und angemessen beantworten und es als eigenständiges kleines Wesen annehmen. Als Konsequenz aus dem nach wie vor aktuellen Traglingsstatus des Kindes ist der Wunsch nach Körperkontakt mit seinen Eltern ein Grundbedürfnis und entbehrt jeglichen Verwöhnaspekts, genauso wie das Stillen entsprechend der Bedürfnisse des Babys.

Bindung stärkt

3 Kompetente Eltern, kompetente Kinder –

wie man »Feinfühligkeit« unterstützen kann

Viel Körperkontakt genießen zu können, ist zwar für die Entwicklung des Babys wichtig. Aber genauso zeigt sich, dass diese häufige Nähe auch Einfluss auf die Eltern selbst hat. Wenn Sie Ihr Baby regelmäßig mit sich herumtragen, werden Sie zumeist viel feinfühliger mit ihm umgehen. Eigentlich keineswegs verwunderlich. Sein Kleines so eng am Körper angeschmiegt zu fühlen, bedeutet, all seine Regungen direkt wahrnehmen zu können. Man weiß auf diese Weise oft schon vorher, ob es gleich aufwachen wird oder die Windel gerade zum Einsatz gekommen ist. Erfühlt man den momentanen Zustand des kleinen Traglings direkt, kann man sich ständig daran orientieren und sich zum Beispiel rechtzeitig eine geeignete Stelle zum Stillen suchen.

Babys sprechen mit ihrem ganzen Körper, und diese direkte Signalübertragung können Eltern dazu nutzen, um sich und den Kleinen den Alltag zu erleichtern. Die kindlichen Bedürfnisse können schneller erfasst und ohne lange Unmutsphasen frühzeitig erfüllt werden. Hingegen können aus der Distanz eines Kinderwagens heraus erst die offensichtlicheren Signale wahrgenommen werden. So kann man nur vergleichsweise spät reagieren und während man noch nach einem geeigneten Ambiente sucht, steigert sich das Baby vielleicht schon in sein Weinen hinein.

Mit Hilfe eines Tragetuchs oder -beutels wird der Babyalltag ruhiger und stressfreier. Getragene Babys weinen weniger und befinden sich eher in einer ausgeglichenen Stimmung.[1] Väter und Mütter können sich mit gutem Grund auch deshalb als kompetente Eltern fühlen, da sie ihr Kind offensichtlich gut verstehen. Ein meist wohlgelauntes, selten ungnädiges Baby lässt Sie immer sicherer im Umgang mit ihm werden und Sie werden allgemein ruhiger und »resistenter« auch in problematischen Situationen reagieren. Gehen Sie selbstbewusst davon aus, die neue Herausforderung »Baby« gut meistern zu können, werden Sie auch dann gelassener bleiben, wenn der kleine Sonnenschein aus momentan nicht erklärlichen Gründen zu einem rotgesichtigen, schreienden Bündel mutierte und kaum zu beruhigen ist. Manche Mütter, die per wissenschaftlicher Definition eigentlich ein Schreibaby vor sich hatten, empfanden keineswegs, dass ihr Baby so übermäßig viel weinte, sondern betrachteten das als normal, während andere Mütter ein Schreibaby vermuteten, obwohl dies keineswegs zutraf. Eltern, die in sich ruhen und sich ihrer Kompetenzen sicher sind, können auch mit Stresszeiten gelassener umgehen.

Fassen wir die Kernaussage des Ganzen zusammen, so folgt: Einfühlsame Eltern haben freundlichere Babys – ein pflegeleichtes Baby hat zufriedenere Eltern – selbstbewusstere Eltern gehen auch in kritischen Situationen gelassener mit ihrem Kind um – ein Kind, dass sich in allen Stimmungslagen angenommen fühlt, kann eine sichere Bindung aufbauen – sicher gebundene Kinder weinen weniger, sind eher in ausgeglichener Stimmung, seltener ärgerlich oder aggressiv – da sie ihr Baby gut verstehen und es meist zufrieden ist, fühlen Eltern sich kompetent in ihrer Rolle – sich sicher fühlende Eltern gehen feinfühliger mit ihrem Baby um – Babys die … usw. – es zeigt sich ein gegenseitig bestärkender Effekt, ist die Spirale nach »oben« erst einmal angestoßen. Dass das Ganze auch in die entgegengesetzte Richtung verlaufen kann, ganz gleich aus welchem Grund, dürfte sich jeder vorstellen können.

Wie positiv Tragen in diese Spirale eingreifen kann, zeigte eine Studie[2], in der Mütter aus einem sozial ausgesprochen heiklen Umfeld gebeten wurden, regelmäßig ihre Babys in Tragesäcken mitzunehmen (siehe S. 50). Normalerweise verläuft in diesem Umfeld die Bindungsbeziehung zwischen Mutter und Kind ausgesprochen kritisch. Nach einem Jahr waren in der »Tragegruppe« jedoch die Mehrzahl der Kinder – und statistisch signifikant – sicher an ihre Mütter gebunden, die sich ihrerseits bereits nach wenigen Monaten viel aufmerksamer ihrem Baby zugewandt hatten.

Natürlich ist Tragen keineswegs eine Voraussetzung für eine gelungene Eltern-Kind-Beziehung, genauso wenig wie es eine Garantie für die Entstehung einer sicheren Bindung an die Eltern ist. Fühlen sich Eltern während des Tragens unwohl, dürfte der Einsatz von Tragehilfen eher kontraproduktiv sein. Das Tragen müssen beide Seiten genießen, nur dann können die positiven Seiten zur Geltung kommen. Können Eltern dem Tragetuch nichts abgewinnen, müssen die täglichen »Streicheleinheiten« eben auf anderem Wege vermittelt werden. Liebevolles Im-Arm-Halten, intensive Interaktionszeiten, Babymassagen und andere Wohlfühlvarianten vermitteln dem Baby ebenfalls Körperkontakt und die Zuneigung seiner Eltern. Gerade bei liebebedürftigen Kindern können Mütter jedoch durch das Tragen bereits einen Teil des »Nähebedürfnisses« ihrer kleinen Schmusekatzen nebenbei erfüllen, während sie gleichzeitig ihren sonstigen alltäglichen Aufgaben nachgehen – zudem ist den Kleinen von ihrer erhöhten Position am Körper der Mutter die Umwelt in einem weit größeren Rahmen zugänglich. Was praktisch ist, ist tatsächlich auch noch gut für das Baby.

Ebenfalls ausgesprochen praktisch ist das leider in unserem Kulturkreis etwas verpönte Zusammenschlafen von Mutter

Die Untersuchung von Anisfeld und ihren Kollegen[3]

Mütter mit sozial ausgesprochen kritischen Lebensumständen wurden im Krankenhaus, in dem sie ihre Kinder zur Welt gebracht hatten, einen Tag nach der Geburt angesprochen, ob sie an einer Studie teilnehmen wollten. Eine Gruppe erhielt gängige Kindersitze, die andere Tragesäcke. Man bat die »Tragemütter«, die Tragehilfen nach der Entlassung aus dem Krankenhaus täglich zu benutzen. Die Mütter beider Gruppen wurden im Verlauf des ersten Lebensjahrs regelmäßig interviewt, außerdem die Mutter-Kind-Interaktionen beobachtet und die Beziehung des Kindes zu seiner Mutter anhand Standardmethoden zur Beurteilung der Eltern-Kind-Bindung eingestuft.

Knapp die Hälfte der Mütter benutzte im Durchschnitt acht Monate lang die Tragehilfe tatsächlich täglich, die anderen 2- bis 3-mal die Woche, einige weniger oft. Die Tragemütter gingen im Vergleich zur Kontrollgruppe bereits nach wenigen Monaten sensibler mit ihren Kindern um und reagierten vor allem früher auf deren Signale. Nach einem Jahr waren die Tragekinder eher sicher an ihre Mütter gebunden (83 %) als die nicht getragenen (38 %). Vor allem die Babys, die nahezu täglich in den Tragesäcken mitgenommen wurden, waren fast alle sicher gebunden.

Ein für die Untersuchung statistisch momentan zwar ärgerlicher, aber im Endeffekt ausgesprochen interessanter Aspekt war, dass sich vier Mütter in der Kontrollgruppe nach etwa zwei Monaten von sich aus dazu entschlossen, einen Tragesack zu verwenden. Aus wissenschaftlich-statistischen Gründen mussten diese Mutter-Kind-Paare natürlich weiter zur Kontrollgruppe gerechnet werden. Bemerkenswert war jedoch, dass drei dieser vier Kinder zu den sicher gebundenen Kindern innerhalb der Kontrollgruppe zählten.

Bindung stärkt

und Baby. Die Nähe verstärkt die Vertrautheit zwischen beiden, das Stillen ist einfacher, kein Aufstehen und richtiges Wachwerden ist nötig, was den Übermüdungsfaktor der Mutter beträchtlich reduziert. Die Signale des Babys werden außerdem schnell wahrgenommen und da auch das Kind keinen Ortswechsel erfährt, wird es eher in einem zwar wachen, aber doch ruhigen Verhaltenszustand bleiben. Wahrscheinlich kann ein Säugling so auch eher begreifen, dass trotz Stillen Schlafenszeit angesagt ist. Die baldige Angleichung des Schlaf-Wach-Rhythmus' ist eine zusätzliche positive Begleiterscheinung, die Eltern das Leben sehr erleichtert, das anfangs ja oft von Schlafdefizit geprägt ist.

Co-sleeping – ein stammesgeschichtlich ursprüngliches Verhaltensmuster

In traditionalen Kulturen ist Co-sleeping, bei dem Eltern und Kind körperlich nahe zusammenliegen und -schlafen, durchgängig üblich. In westlichen Kulturen ist es hingegen eher die Ausnahme. Bedenken hinsichtlich Verwöhnen, der Entwicklung von Selbstständigkeit, sexueller Stimulation, einer erhöhten Gefahr durch Ansteckungen oder durch Verletzungen konnten jedoch empirisch nicht bestätigt werden. Vielmehr wird nächtliches Stillen, die Angleichung des Schlaf-Wach-Rhythmus' und des Erregungszustandes von Mutter und Kind erleichtert. Durch den Körperkontakt der Mutter wechselt ein Säugling häufiger von einem Schlafstadium in den anderen, wacht öfter kurz auf und befindet sich demzufolge weniger lange in einer Tiefschlafphase, was die Gefahr des plötzlichen Kindstods senkt.

Mit diesen Beispielen sind natürlich nicht die Möglichkeiten erschöpft, wie man seine Sensibilität gegenüber dem Baby im tagtäglichen Geschehen erhöhen kann. Manches kann einfach umgesetzt werden, manchmal sind es nur kleine Dinge, die zu vermeiden sind, manches benötigt Vorbereitungszeit. Sie werden in den nachfolgenden Kapiteln hierfür noch einige, hoffentlich nützliche Punkte finden.

Feinfühlige Eltern haben eher sicher gebundene Kinder. Und so wie es scheint, ist häufiger und intensiver Körperkontakt nicht nur für ein Baby wichtig, er unterstützt auch die Feinfühligkeit der Eltern. Das Tragen bietet hierfür eine gute Möglichkeit, vor allem, wenn es als positiv empfunden wird.

Das Eltern-Kind-Team

Die natürlichen Bindungs- kompetenzen

Mütter bzw. *Eltern, wenn wir wieder einmal stammesge-schichtlich denkend an das Thema Bindung herangehen, sichern das Überleben und die gesunde Entwicklung der Nachkommen. Als die sozialen Wesen, die wir Menschen sind, müssen Eltern einem Kind all die verschiedenen Kenntnisse, Zusammenhänge und sozialen Fähigkeiten vermitteln, die es zu einem akzeptierten, integrierten Mitglied einer Gemeinschaft macht. Mütter und Väter sind in den ersten Lebensjahren die zentrale Informationsinstanz für den Nachwuchs. Das Erfolgsmodell Mensch fordert seinen »Tribut«: eine im Vergleich zu allen anderen Lebewesen extrem lange »soziale Lehrzeit«, die die Kindheit und Jugendzeit im Prinzip darstellt. Sie erfordert eine Bindung, die Eltern jahrelang, ja jahrzehntelang bei »der Stange« hält, damit dem Nachwuchs über einen derart ausgedehnten Zeitraum hinweg eine kontinuierliche Weiterentwicklung und altersgemäße Förderung zuteil werden kann.*

In der Stammesgeschichte des Menschen hatte dies einen grundlegenden Überlebenswert, der die Menschheit zu dem Erfolgsmodell in der Evolution machte, das es heute ist. Es ist daher keineswegs verwunderlich, dass Mutter und Kind auf eine biologische Grundausstattung zurückgreifen können, die die Beziehungsaufnahme auf verschiedenste Weise unterstützt.

Doch der Mensch ist auch ein »Kulturwesen«, das heißt, die Erfahrungen in seinem sozialen Umfeld beeinflussen seine Denk- und Verhaltensweisen. Das ist durchaus positiv, da wir auf diese Weise die Erfahrungen anderer nutzen können. Andererseits kann dies aber auch ein kritischer Faktor sein, was sich unter Umständen am Aufbau der Eltern-Kind-Beziehung zeigt.

4 Liebe auf den ersten Blick – wie die Bindungsbeziehung beginnt

Verlief die Geburt normal und haben sich Mutter und Kind ein wenig erholt, sind beide besonders sensibel für die erste Kontaktaufnahme. Die Mutter ist ganz auf ihr Kind konzentriert, das Baby fast eine Stunde lang ruhig und aufmerksam – eine ideale Ausgangsbasis für die erste Fühlungsnahme. Nur wenige Minuten nach der Geburt kann man die ersten Versuche des Neugeborenen beobachten, das Gesicht seiner Mutter zu erforschen. Nach einer halben Stunde etwa, in der es immer wieder die Mutter anschaut, kann es – liegt es auf ihrem Bauch – bereits selbstständig zur Brust hochrobben und seinen ersten Saugversuch unternehmen. Und immer wieder ist das Gesicht seiner Mutter interessant.

Die Mutter versucht ihrerseits, beständig seinen Blick einzufangen, spricht es an und beginnt, wenn sie sich ungestört fühlt, ihr nun endlich anfassbares Kind zu streicheln. Dieses Streicheln hat oft eine ganz charakteristische Abfolge: Zunächst ertasten ihre Fingerspitzen die Arme und Beinchen. Dann geht sie über zu einem Streicheln mit der gesamten Hand. Anfangs streichelt sie vor allem den Körper ihres Kindes und schließlich wird auch das Köpfchen mit in die Zärtlichkeiten einbezogen. Väter zeigen ebenfalls ein ähnliches Berührungsverhalten, sobald sie Gelegenheit dazu haben. Bei Frühchen hat dies besondere Bedeutung. Erfahrene Hebammen wissen: Sobald die Eltern eines Frühgeborenen mit diesem typischen Streichelmuster beginnen, haben sie eine Art Schallmauer überwunden und endlich ihr Kind wirklich annehmen können. Denn oft lassen Ängste, Verunsicherung, Krankenhausroutine und dieses zerbrechlich wirkende Wesen, das so gar nicht den Vorstellungen eines Babys entspricht, anfangs keine wirkliche emotionale Beziehung zu, sodass auch dieser typische Verhaltensablauf zunächst nicht oder nur andeutungsweise zu sehen ist.[1]

Die ersten Fäden der emotionalen Zuneigung zwischen Mutter und Kind werden vor allem in der ersten Stunde nach der Geburt gesponnen – auf Seiten der Mutter. Auch wenn das Baby bereits in dieser Stunde den »ersten Eindruck« von seinen Eltern gewinnt – seine Bindung an die Mutter hat Zeit und braucht Zeit. Doch ein Baby muss von Anfang an versorgt und die emotionale Bindung der Mutter möglichst sofort aktiviert werden, damit sein Überleben garantiert ist. Wie im vorangegangenen Kapitel erwähnt, musste zu der Zeit, als wir noch »aktive« Jäger und Sammler waren, ein Neugeborenes direkt nach der Geburt aufgenommen und von seiner Mutter fast ständig mitgetragen werden. Selbst wenn sicherlich zeitweise andere vertraute Personen ihr diese Arbeit abgenommen haben werden, so war sie dennoch durch die kurzen Stillabstände die hauptsächliche Garantin für das Überleben ihres Kindes.

Inzwischen weiß man die Bedeutung der ersten Interaktionsmöglichkeit nach der Geburt allgemein zu schätzen. Denn es ergeben sich hieraus ganz handfeste praktische Konsequenzen. So treten seltener Stillprobleme auf, vor allem, wenn die ersten Saugversuche des Neugeborenen erfolgreich waren. Zudem können sich Mütter leichter auf ihr Baby einstellen und brauchen weniger Hilfestellung in Alltagssituationen – und sie wünschen sich von Anfang an, ihre Kinder möglichst häufig bei sich zu haben.[2] Kann ein Baby bei seiner Mutter bleiben, schreit es weniger. Wird es getrennt, weint es nicht nur mehr, sondern das Niveau des stressanzeigenden Hormons *Cortisol* ist selbst nach sechs Stunden noch immer signifikant erhöht. Eine Trennung beeinträchtigt ein Neugeborenes stark und wirkt sich wahrscheinlich auch ungünstig auf die Verarbeitung späterer belastender Situationen aus.[3]

Die Wirkung des Frühkontakts machte man sich übrigens in einem Krankenhaus in Indonesien zunutze, in das Mütter der nahe gelegenen Slumgebiete zur Entbindung kamen. Nicht selten verschwanden Mütter irgendwann unbemerkt und ließen ihr Kind – vor allem Mädchen – einfach in der Klinik. Seitdem man dazu überging, Müttern ihre Babys nach der Geburt direkt in die Arme zu geben, um so von Anfang an Körperkontakt herzustellen, sank die Zahl der Mütter, die ihre Kinder zurückließen, merklich (mündliche Mitteilung einer Hebamme).

Früh- oder Erstkontakt zwischen Mutter und Kind – die erste Startchance für eine emotionale Beziehung

Der Frühkontakt während der ersten beiden Stunden nach der Geburt erleichtert den Beziehungsaufbau der Mutter zu ihrem Neugeborenen. Die Aufmerksamkeit von Mutter und Kind ist in dieser Zeit stark aufeinander bezogen. Das Baby kann normalerweise zur Brust robben und den ersten Saugversuch unternehmen. Der angeborene Saugreflex ist erst nach zwei bis drei Tagen wieder so stark ausgeprägt wie in der Zeit des Frühkontakts. Das frühe Saugen bedeutet eine Abstimmungsleistung zwischen den Organismen von Mutter und Kind: Es versorgt das Kind mit wertvollem Kolostrum, löst auf Seiten der Mutter den »Let-down-Reflex« aus, beschleunigt den Milcheinschuss, erleichtert die Lösung und Austreibung der Nachgeburt und initiiert das Zusammenziehen der Gebärmutter.

Emotionale Verbundenheit mit einem Neugeborenen ist jedoch keine alleinige Domäne von Frauen oder gar Müttern. Auch Väter bleiben nicht unbeeindruckt von der Geburtssituation und von der Faszination »Baby«, sofern sie für dieses Geschehen aufgeschlossen sind. Für die starke Gefühlsreaktion des Vaters auf sein soeben geborenes Kind hat sich im Englischen ein eigener Begriff eingebürgert: »engrossment«. Man kann es mit »verzückt« oder »versunken sein« übersetzen. Und kann eine Mutter sich zunächst nicht um ihr Kind kümmern, so ist es für den »verzückten« Vater ohne Weiteres möglich, die Rolle des ersten Interaktionspartners für seinen frisch geborenen Nachwuchs zu übernehmen.

Die Stunde nach der Geburt ist eine besonders sensible Phase für die erste Kontaktaufnahme von Mutter und Kind. Aber auch Väter sind für die ersten Blicke ihres Neugeborenen zugänglich, wenn sie sich auf den Charme des neuen Erdenbürgers einlassen können.

5 Wie die Bindungsbeziehung wächst –

zwei Seiten einer Medaille

»Ich werde wahrscheinlich einen Kaiserschnitt machen müssen. Was tue ich unserem Kind nur an? Werden wir je eine gute Bindungsbeziehung aufbauen können?« Keine Angst, auch wenn die erste Kontaktaufnahme nach der Geburt wichtig ist, heißt dies nicht, dass für die emotionale Zuneigung eine Art Zeitfenster unwiederbringlich geschlossen ist, falls Sie aus irgendwelchen Gründen die erste Stunde nicht mit Ihrem Baby verbringen können. Es ist »lediglich« die erste Chance ungenutzt verstrichen. Das heißt aber keineswegs, dass Sie diesen gelungenen Einstieg in das »Mutter-Kind-Programm« nicht möglichst wahrnehmen sollten – man sollte diesen ersten Zugang zueinander niemals unbegründet vorübergehen lassen. Aber die Natur arbeitet sozusagen mit »doppeltem Boden«: Auch Mütter, die nach der Geburt keinen Kontakt mit ihrem Kind aufnehmen konnten, zeigten Untersuchungen verschiedenster Autoren zufolge all die positiven Eigenschaften, sofern sie in den nächsten Tagen viel Zeit mit ihrem Baby verbrachten. Für alle Mütter ist es wichtig, in den ersten Tagen so viel wie möglich mit ihrem Neugeborenen zusammen zu sein. – Und auch für Väter, denn Babys können sich an einige, wenn auch wenige Personen binden.

Die Wissenschaft hat diesem Umstand schließlich Rechnung getragen und ging allgemein vom Begriff »Mutter-Kind-Bindung« zur »Eltern-Kind-Bindung« über. Dies sollten Mütter aber keineswegs als Verlust auffassen, sondern als Bereicherung – sowohl für die Väter als auch für die Kinder. Auch andere Personen können sich übrigens, wenn sie dafür offen sind, emotional an ein Kind binden. Es müssen also nicht nur die leiblichen Eltern sein. Im Prinzip überrascht dies auch nicht, man braucht sich nur die enge Beziehung zwischen Großeltern und Enkel ins Gedächtnis zu rufen, vor allem, wenn sie zusammen in einem Haushalt leben, oder zwischen manchen Geschwistern. »Jetzt sind alle meine Eltern da!« Kommentar von Peter, eines sogenannten »Nachzüglers«, beim Besuch seiner 18 Jahre älteren, ihn von Anfang an begeistert mitbemutternden Schwester nebst Partner. Und auch Adoptiveltern »profitieren« von dieser inneren Bereitschaft zum Umsorgen von Kindern.

Potenziellen Eltern und sonstigen Betreuungspersonen kommt zugute, dass ein Baby zunächst wenig spezifisch positiv auf alle Menschen reagiert. Das heißt keineswegs, dass ein Baby nicht nach kurzem seine Mutter oder seinen Vater wiedererkennt und zwischen vertrauten Personen und fremden unterscheidet. Aber zunächst ist es noch nicht auf bestimmte Personen festgelegt. Es lernt zwar von der ersten Minute an, bindet sich jedoch erst allmählich an diejenigen, die es regelmäßig, liebevoll und kontinuierlich umsorgen.

Über mütterliche und väterliche Fertigkeiten – das sogenannte »intuitive Elternprogramm«

Allen aufgeschlossenen Erwachsenen hilft beim Bemühen um die »Gunst« des Nachwuchses das sogenannte »intuitive Elternprogramm«. Hierdurch können sie auch ohne Erfahrung oder großartige Überlegungen spontan die kindlichen Bedürfnisse erfassen und weitgehend richtig reagieren. Im Verlaufe einer spielerischen Interaktion zeigt sich die Intuition der Eltern insbesondere in dem Zeitabstand ihrer Reaktion nach einem Signal ihres Babys. Dieser liegt über 0,2 und unter 0,8 Sekunden – eine Zeitspanne also, die zu lange ist für eine reflexartige Antwort und zu kurz für eine willentliche Entscheidung; optimal aber, um einem Baby den Zusammenhang zwischen seinen Signalen und der Reaktion der Eltern herstellen zu lassen. Dies wiederum stärkt sein Vertrauen, dass seine »Fragen« beantwortet werden und es etwas bewirken kann. Es kann nicht oft genug betont werden, wie wichtig dieser Punkt für einen positiv verlaufenden Bindungsprozess auf Seiten des Babys ist.

Das intuitive Elternprogramm – unbewusst und nicht sehr durchsetzungsfähig

Dieses Elternverhalten wird nicht durch Erfahrung oder Überlegung gesteuert, sondern die Eltern erfassen unbewusst die Befindlichkeit des Babys, reagieren auf seine Signale und antworten situationsgerecht und altersangepasst. So nähern sich Eltern beispielsweise mit ihrem Gesicht dem des Kindes auf etwa 22 bis 25 cm, wenn sie Kontakt aufnehmen wollen. Das heißt, sie gehen nicht auf eine Distanz, in der sie selbst scharf sehen können (das wären 40 bis 50 cm), sondern stellen sich auf die optimale Sehfähigkeit des Babys ein. Selbst Eltern, die überzeugt waren, dass Neugeborene eigentlich nichts sehen können, näherten sich ihrem Kind auf exakt diesen Abstand.

Zum intuitiven Programm zählen neben dem passgenauen Reaktionsfenster zwischen 0,2 und oft nur 0,4 Sekunden auch der sogenannte »Baby-Talk« oder die »Ammensprache« sowie die Verhaltensabstimmung während einer längeren Interaktion zwischen Baby und einem Erwachsenen, die einem hochkomplexen Muster von Aktion und Reaktion folgt.[1]

Die mit dem biologisch angelegten, intuitiven Eltern-fähigkeiten verknüpften Verhaltensweisen sind gekennzeichnet durch a) ihre **zeitliche Bezogenheit** auf das Verhalten des Säuglings (in der Psychologie mit *Kontingenz* beschrieben); b) ihre **zuverlässige Reaktion** auf die Signale des Babys (in der Psychologie *Konsistenz* genannt), so entwickelt ein Kind übrigens bereits nach kürzester Zeit Erwartungen aufgrund seiner bisherigen Erfahrungen, die ihm auch Sicherheit vermitteln; und c) ihre **Abstimmung auf den Entwicklungsstand** des Kindes, das heißt, sie sind altersadäquat.

Hier verschränkt sich der Begriff des intuitiven Elternverhaltens mit der der Feinfühligkeit und Antwortbereitschaft. Das *intuitive Elternprogramm* ist eine evolutionsbiologische Anpassungsleistung, das sich komplementär zu den kommunikativen Kompetenzen des Kindes entwickelte. Eltern und Kind sind demnach eigentlich gut aufeinander abgestimmt, vorausgesetzt, das intuitive Elternprogramm kann sich gegen die Erfordernisse des Alltags durchsetzen. Denn das intuitive Programm ist störanfällig. Vor allem Stress und Unsicherheit sind Gift für seine Durchsetzungsfähigkeit.

Insbesondere bei den hochkomplexen Abläufen eines Erwachsenen-Kind-Zwiegespräches greifen wir alle auf das intuitive Elternprogramm zurück. Signalisiert ein Baby seine Interaktionsbereitschaft, so verfallen wir in den bereits erwähnten »Baby-Talk«. Das heißt, wir reden langsamer und in einer etwas erhöhten Stimmlage, sprechen mit einer ganz bestimmten Satzmelodie, die durch charakteristische Wiederholungen und Überbetonungen geprägt ist. Die Mimik ist ebenfalls überpointiert, vereinfacht und verlangsamt. Alles kommt den noch etwas eingeschränkten Fähigkeiten des Babys entgegen, unterstützt es bei seinem Kommunikationsbemühen und hilft, die

Eltern-Kind-Interaktion aufrechtzuerhalten. Würde ein Zwiegespräch rational gesteuert, könnten sich die Reaktionen der Eltern nicht jederzeit an den Fähigkeiten des Babys orientieren und sich auch nicht passgenau in den kindlichen Dialoganteil einfügen. Ein »Gespräch« wäre kaum länger aufrechtzuerhalten, da sich das Kind bald desinteressiert abwenden würde, denn die Reaktionen erfolgten dann nicht im richtigen Zeitfenster für seine Möglichkeiten und könnten von ihm somit nicht als anregende Antworten verstanden werden.[2]

Intensive Gespräche in Face-to-face-Orientierung zwischen Ihnen und Ihrem Kind sind wichtige Zeiten der Gemeinsamkeit und eine interaktive Lernsituation par excellence für Ihr Baby. Aber nur, wenn Sie als »Lehrer richtig mitspielen«, was bedeutet: Ihr Kind kann zwar aktiv Kontakt mit Ihnen aufzunehmen versuchen und durch seine Reaktionen das »Gespräch« mit Ihnen steuern, doch das funktioniert nur, wenn Sie sich komplementär auf die entwicklungsabhängigen Möglichkeiten Ihres kleinen »Schülers« einstellen. Ansonsten ist Ihr Baby schnell überfordert und verliert das Interesse. Hilfreich kommt hinzu, dass Sie in diesen spielerischen, aber wohlstrukturierten Interaktionen zu fast 70 % der Zeit mit Ihrem Kind in Berührung sind, was seine Lernbereitschaft steigert.[3] In solchen intensiven Dialogen lernen die Kleinen übrigens bereits viel über ihre Muttersprache und passen so ihr Lautrepertoire an sie an. Unterhalten sich die Eltern bereits in der vorsprachlichen Zeit regelmäßig und feinfühlig mit ihrem Kind, erweitert sich insgesamt sein Wortrepertoire später bedeutend schneller.

Selbstverständlich kann eine Interaktion zwischen Baby und Eltern auch einmal »schiefgehen«. Manchmal kommt ein Dialog nicht in Gang, weil die kindlichen Signale vielleicht nicht so deutlich sind, dass die Eltern sie verstehen, oder aber weil die Aufmerksamkeit der Mutter nach einem ausgesprochen hektischen Morgen noch von anderweitigen Ereignissen beansprucht ist. Aber Kinder »verzeihen« einen Fehler – wer ist schon perfekt. Und solche Ausrutscher können im nächsten Gespräch ausgebügelt werden. Doch der Interaktionsstil der Eltern insgesamt hat einen bedeutenden Einfluss darauf, ob sich ein Baby als eigenständiger, respektierter Partner in diesem Interaktions-Team fühlt oder nicht. Die Sprechstile der Mütter während solcher Eltern-Kind-Dialoge sind diesbezüglich ausgesprochen aufschlussreich.

Sprechstile der Mütter – ein Hinweis auf die Eltern-Kind-Bindung

Wie eine Mutter in Gesprächen mit ihrem Kind agiert, lässt auf ihre Feinfühligkeit schließen – und sagt somit einiges über das zukünftige Bindungsgeschehen aus. Man unterscheidet drei »Unterhaltungsstile«: Der *behutsam-liebevolle* Stil, bei dem die Mutter mehr reagiert als initiiert. Die *unbekümmert-spielerische* Mutter »überrennt« ihr Baby ein wenig mit ihrem Redefluss. Beim *neutral-trägen* Redestil ist die Antwortbereitschaft der Mutter sehr zurückhaltend, sie redet insgesamt nicht oft und wenn, sehr wenig, zudem beantwortet sie kaum die Lautäußerungen ihres Kindes.

Die unbekümmert-spielerisch agierende Mutter redet recht viel, versucht zwar einerseits, ihr Baby zum Vokalisieren zu veranlassen, ignoriert aber andererseits relativ häufig seine Signale bzw. wartet nicht auf seine Antworten. Unmutsbekundungen beantwortet sie eher mit aufmunternder Stimme, versucht mehr spielerisch abzulenken, als liebevoll zu beruhigen. Der behutsame, liebevolle Dialogstil der feinfühligen Mütter, der vornehmlich auf die Lautäußerungen und Initiativen des Babys antwortet und nicht die Führung eines Mutter-Kind-Gesprächs übernimmt, zeichnet sich sowohl durch seine zuverlässige und prompte Reaktion aus als auch durch seine Behutsamkeit und Bezogenheit auf die Art der kindlichen Laute. Auch auf negative Signale wird adäquat reagiert, auf die verschiedenen Unmutsäußerungen antworten diese Mütter mit Beruhigungs- und Tröstungsversuchen.

Wissenschaftliche Beobachter waren insgesamt erstaunt, wie häufig Babys überhaupt lautlich agierten.[4] Durchschnittlich meldeten sich die Babys 6 mal pro Minute zu »Wort«. Der Redestil der Mütter beeinflusste die Kinder jedoch recht bald: Nach einem halben Jahr vokalisierten die Kinder der etwas »redefaulen« Mütter bereits weniger als die anderen. Auch wenn nach sechs Monaten die Babys der besonders sprachfreudigen Mütter zunächst noch mit denen der liebevoll-umsorgenden Müttern mithalten konnten: Nach zehn Monaten meldeten sich diese beim Vergleich der drei Gruppen jedoch am wenigsten zu Wort, sie schienen des »ununterbrochenen Animationsprogramms« müde geworden zu sein.

Der Interaktionsstil während der Zwiegespräche mit ihrem Baby verdeutlicht die Sensibilität der Mütter gegenüber ihren Kindern, denn er hängt stark mit der Bindungsqualität zusammen. Mütter, die den Dialog mit ihren Kindern behutsam angehen, übernehmen in diesen Zwiegesprächen nur wenig Initiative. Sie akzeptieren ihren kleinen Interaktionspartner als ein eigenständiges, kompetentes und zu respektierendes Individuum, das unterstützt werden muss, was sowohl im Gesprächsstil wie auch in anderen Verhaltensweisen zum Ausdruck kommt. Kinder behutsam agierender Mütter waren überwiegend sicher gebunden – im Gegensatz zu denjenigen, deren Mütter die beiden anderen Interaktionsstile pflegten.[5]

Babykompetenzen – überraschend,
doch angewiesen auf Unterstützung

Wir sind also mit einigen Elternkompetenzen ausgestattet und gehen nicht gänzlich unvorbereitet in den Babyalltag. Und auch das Baby selbst ist keineswegs völlig hilflos. Die lange Zeit weit verbreitete Ignoranz, nach der ein Säugling zu kaum mehr fähig sei, als zu schlafen, essen oder zu schreien, haben wir zum Glück auch in der Wissenschaft inzwischen hinter uns gelassen. Wohl kaum eine Mutter war wohl je wirklich dieser Meinung. Ein Mitte des 20. Jahrhunderts geschriebener Artikel, der verwundert und bewundernd feststellte, dass Babys sich mehr bewegen, wenn sie unbekleidet sind, konnte wirklich nur von einem Mann, niemals von einer Mutter geschrieben worden sein, der wahrscheinlich bis dahin seine Kinder erst wahrgenommen hatte, sobald sie laufen und mit einem Fußball spielen konnten.

Babys kommen mit einer ganzen Palette von Fertigkeiten zur Welt, lernen beständig dazu und haben ein paar »Tricks« auf Lager, um die Eltern bei der »Stange« zu halten. Mit dem ihnen eigenen Kindchenschema, einer Kombination verschiedener Merkmale wie kleine Nase und hohe Stirn, unbeholfenen Bewegungen etc., regen sie zu positiven Gefühls- und Betreuungsreaktionen an. Ihr Weinen ist ein kaum zu ignorierender Appell an die Umwelt, auf die fast jeder mit Fürsorgeverhalten reagiert. Fast alle Sinne sind bei der Geburt ausgereift, und so können Babys ihre Eltern auf verschiedenen Ebenen wahrnehmen und ansprechen.

Seine Lernkapazität, die alle aufmerksamen Menschen in den Bann schlägt, ist faszinierend. Manche Eltern kommen das erste Mal in ihrem Leben auf die Idee, ein Tagebuch zu führen, um all die spannenden Entwicklungsschritte festzuhalten. Ein Baby lernt von der ersten Stunde an und Menschen sind zunächst das Interessanteste. Wie in diesem Buch bereits erwähnt, bevorzugen Neugeborene schon wenige Stunden nach der Geburt das Gesicht der Mutter und können außerdem ihren Geruch von dem anderer Mütter unterscheiden. Wichtig für solch rapide Lernleistungen ist jedoch, dass sie im direkten Körperkontakt stattfinden. Bereits in diesem Alter scheint zuzutreffen, dass für ein erfolgreiches Lernen die emotionale Atmosphäre stimmig sein muss.[6]

Das Kindchenschema – ein »Trick« der Natur

Beim Kindchenschema handelt es sich um eine Reihe von Merkmalen, die allgemein zu positiven Gefühlsreaktionen und Zuwendung, zu Betreuungs- und Pflegeverhalten veranlassen und die sogar artübergreifend wirken (weshalb uns zum Beispiel Jungtiere üblicherweise mehr ansprechen als erwachsene Tiere). Auslösende Merkmale sind ein vergleichsweise großer Kopf mit starker Stirnwölbung und ausgeprägtem Hinterkopf, große Augen, Stupsnase und kleines Kinn, kurze Extremitäten und unbeholfene Bewegungen, die den betreuungsbedürftigen Entwicklungsstand signalisieren. Konrad Lorenz beschrieb diesen Merkmalskomplex als einen »angeborenen auslösenden Mechanismus«, den die heutigen Comicfiguren genauso ansprechen wie ihn die Werbung benutzt, um die Kaufbereitschaft der Kunden zu erhöhen.

Und natürlich erfassen Babys auch die Verhaltensweisen der Eltern recht schnell. Denn Säuglinge sind von Beginn an soziale Wesen, für die es wichtig ist, die Handlungsweisen der Personen seiner sozialen Umwelt kennenzulernen. Es gibt nichts Irritierenderes für ein Baby, als wenn die Eltern plötzlich nicht mehr in gewohnter Weise reagieren. In sogenannten Still-face-

Experimenten, bei denen Mütter ihr Baby einige Minuten lang mit reglosem Gesicht ansehen, versuchten die teils erst zwei Monate alten Kleinen anfangs mit immer größerer Anstrengung, eine Antwort auf ihr Lächeln und auf ihre Aufforderungen zur Interaktion zu erreichen. Nach und nach wurden sie dann immer stiller, bis sie sich schließlich irritiert abwendeten. Sie versuchten zwar eine Zeit lang, durch kurze Seitenblicke und ein kleines Lächeln die Interaktion wieder beginnen zu lassen, aber da die Mutter nicht aus ihrer erstarrten Mimik gelockt werden konnte, gaben sie auf und wandten sich schließlich ganz ab.[7]

Es ist bedrückend, Filmaufnahmen während depressiver Schübe von Müttern mitzuverfolgen, in denen die Kontaktaufnahme der Babys ins Leere geht: Probiert das Baby, auf sich aufmerksam zu machen, schaut die Mutter im Raum umher, da sie seine Signale nicht wahrnimmt. Während das Kind versucht, Blickkontakt herzustellen, zupft sie an seinem Hemdchen herum. Schaut die Mutter ihr Baby dann doch an, hat dieses sein Interesse inzwischen auf etwas anderes gerichtet, da die Reaktion der Mutter aufgrund der Depression zu verzögert einsetzt und so die Interaktionsanfragen für das Kind unbeantwortet blieben. Fortwährend missglückte Mutter-Kind-Dialoge dieser Art lassen das Baby schließlich aufgeben. Sie unternehmen keine Versuche mehr, mit ihrer Mutter zu kommunizieren. Es meidet den Blickkontakt, da die bisherigen Erfahrungen nur Erfolglosigkeit erwarten lassen.

Wie irritierend eine derartige verzögerte Reaktion für ein Baby ist, belegt ein Versuch, in dem Mütter und ihre Kinder über eine Fernsehübertragung miteinander kommunizierten. Den zwei Monate alten Babys gelang es überraschend problemlos, mit ihren Müttern über ein Fernsehbild zu interagieren und einen Dialog aufrechtzuerhalten. Als die Experimentatoren den Kindern jedoch die Aufnahmen der Mutter um nur 30 Sekunden verzögert vorführten, reagierten sie mit sichtlichem Unbe-

Das Eltern-Kind-Team

hagen darauf. Die Verhaltensweisen der Mütter zeigten ja eigentlich nichts Negatives, sie harmonierten jetzt nur nicht mehr mit dem Dialoganteil ihres Kindes, der auf *vor* 30 Sekunden gemünzt war. Die Babys wandten sich nun mehr und mehr von den Aufnahmen ab und warfen nur noch kurze Seitenblicke zum Bildschirm. Die Interaktion war einfach außer Takt.[8]

Eltern bemerken oft gar nicht, wie viel sie ihrem Baby im Alltag unbewusst signalisieren und was die Kleinen bereits gelernt haben und wahrnehmen. Mütter wurden zum Beispiel gebeten, das Wickeln kurz zu unterbrechen und unvermittelt wegzugehen. Die Kleinen zeigten deutlich ihre Irritation. Die Mütter hatten bis dahin nicht realisiert, mit welchen kleinen Abschiedsritualen sie normalerweise ihr Baby darauf vorbereiteten, dass sie es kurz alleine lassen würden. Sie erklärten dies manchmal sogar verbal, selbst wenn sie sicher waren, dass die Kleinen dies weder sprachlich noch inhaltlich verstehen würden. Insgesamt vermittelten sie dem Baby durch ihr gesamtes Verhalten doch deutlich ihre Absicht wegzugehen.

Babys besitzen differenzierte Einzelfähigkeiten und ein reiches Verhaltensrepertoire, das sie zum sozialen Austausch befähigt, gepaart mit einer großen Lernbereitschaft – vorausgesetzt, die Umwelt bietet ihnen die richtigen Informationen zum richtigen Zeitpunkt. Obwohl häufig unterschätzt, ist ein Säugling ein »absoluter Spezialist« auf dem Gebiet der Kontaktregulation mit seinen vertrauten Betreuungspersonen. Seine frühen Kompetenzen, einen Eltern-Kind-Dialog zu initiieren und in Gang zu halten, sind erstaunlich, und dennoch: ihre Qualität wird weitgehend von den erwachsenen Interaktionspartnern bestimmt, das heißt von deren auf den Säugling abgestimmten Verhaltensweisen.[9]

Das bezieht sich sowohl auf das »Einzelgespräch« als auch auf die Dialogbeschaffenheit in ihrer Gesamtheit. In aufwändigen Still-face-Experimenten, die auch die Verhaltensweisen der Mütter differenziert mit einbezogen, zeigte sich deutlich, wie wichtig ihr allgemeines feines Gespür für ihr Kind auch zur Bewältigung kritischer Situationen ist. Die hier beobachteten vier Monate alten Babys feinfühliger Mütter konnten, nachdem diese ihr Pokerface wieder abgelegt hatten, ohne Probleme die Interaktion erneut wieder aufnehmen. Die Kleinen wenig feinfühliger Mütter wandten sich hingegen dauerhafter von ihr ab, schienen »gekränkter« zu sein. Dieser Versuch macht deutlich, wie bald schon und welch großen Einfluss der Verhaltensstil der Mutter auf ein Baby hat. Kinder wenig einfühlsamer Mütter konnten anscheinend bedeutend schlechter ihre eigenen Gefühle regulieren und fanden schwerer wieder zu einem »unbefangenen« Umgang mit der sie zuvor so verunsichernden Mutter zurück, während die anderen Kinder flexibler und aufnahmebereiter auf die sich »ausnahmsweise« merkwürdig benehmende Mutter reagierten.[10]

Das Eltern-Kind-Team – gut ausgestattet und doch störanfällig

Die Natur hat also eigentlich sowohl auf der Erwachsenen- als auch auf der Kindseite gute Voraussetzungen dafür geschaffen, dass die Eltern-Kind-Bindung auch gelingen kann: Beim kindlichen Part mit Hilfe von Kindchenschema, Interaktionskompetenz, einer erstaunlichen Lernkapazität und frühen »crossmodalen« Leistungen – die Fähigkeit also, verschiedene Sinneseindrücke miteinander zu verknüpfen; auf der Erwachsenenseite mit den nicht zu unterschätzenden intuitiven Elternleistungen, um ihren Nachwuchs erfolgversprechend zu versorgen und großzuziehen.

Die Kompetenzen von Säuglingen werden von Seiten der Eltern »passgenau« beantwortet und ergänzt: Das intuitive Elternverhalten gilt als »komplementäres Verhaltenssystem« zu den Fähigkeiten des Kindes auf Erwachsenenseite. Es ist quasi das verhaltensbiologische Gegenstück zum feinfühligen Elternverhalten der Entwicklungspsychologie und somit eine der Grundlagen für den Aufbau einer sicheren Bindung des Kindes an seine Eltern.

Crossmodale Fähigkeiten

Die Fähigkeit, verschiedene Sinneseindrücke miteinander zu verknüpfen, ist bereits bei Säuglingen früh nachweisbar. Wenn beispielsweise ein Baby an einem Schnuller mit spürbaren Noppen nuckelt, schaut es das Bild eines solchen länger an als das eines glatten Schnullers – ein Hinweis darauf, dass es optisch den gefühlten Gegenstand erkennt. Bietet man den kleinen Probanden mit einem methodischen Trick optisch einen Würfel zum Greifen an, lässt sie aber tatsächlich einen Ring anfassen, sind sie deutlich sichtbar überrascht vom Unterschied zwischen optischer und taktiler Wahrnehmung.

Babys kommen mit bestimmten »naturwissenschaftlichen Vorstellungen« zur Welt, die sie nicht erst lernen müssen. So reagieren sie irritiert, wenn sie ein wegfahrendes Fahrzeug beobachten, das akustisch jedoch näher kommt, oder wenn die Stimme der Mutter über einen Lautsprecher aus einer falschen Richtung ertönt.

Das intuitive Elternverhalten ist zwar biologisch angelegt und somit potenziell vorhanden, muss also nicht erst erlernt werden, es ist aber – wie bereits erwähnt – störanfällig. Wir können leider nicht davon ausgehen: Es wird schon funktionieren, schließlich ist das Ganze genetisch verankert. »Biologisch angelegt« bedeutet nach dem heutigen Stand der Wissenschaft, dass die mit den intuitiven Elternkompetenzen verknüpften

Verhaltensweisen in unserer genetischen Ausstattung enthalten sind, jedoch keineswegs zum Ausdruck kommen müssen. Man spricht daher in der Verhaltensbiologie gern von einer »angeborenen Disposition«. In manchen Bereichen ist es glücklicherweise so, dass wir keineswegs den genetischen Vorgaben folgen müssen, wie beispielsweise bei der unkontrollierten Gruppenaggression. Im Fall der natürlichen elterlichen Kompetenzen stellt sich dies jedoch als Handicap heraus.

Angeborene Eigenschaften – gegebenenfalls genetisch verankert, aber keineswegs unveränderbar

Auch wenn im allgemeinen Sprachgebrauch nach wie vor häufig das Wort »angeboren« im Sinne von »genetisch verankert« verwendet wird, differenzieren wir doch im Allgemeinen sehr wohl entgegen unserer verbalen Ungenauigkeit zwischen angeborenen und tatsächlich genetisch begründeten Faktoren. Viele Erkrankungen entstehen erst im Verlauf der Schwangerschaft, beispielsweise durch den Einfluss von Medikamenten, sind daher angeboren, aber keineswegs genetisch begründet. Und manche genetisch angelegten Erkrankungen kommen erst im Laufe der Entwicklung eines Menschen zum Ausdruck, wie zum Beispiel die *Mucoviscidose*, eine Stoffwechselerkrankung.

Doch noch immer herrscht meist die Vorstellung vor, dass prinzipiell »naturgegebene Anlagen«, »biologisch bedingte« oder »genetisch verankerte« Verhaltensweisen uns Menschen in unseren Handlungen festlegen würden. An diesem Irrtum ist die Biologie selbst nicht ganz unschuldig. Doch heute ist inzwischen unumstritten, dass genetisch oder biologisch verankerte Anteile an unserem Verhalten durch Lernerfahrungen veränderbar sind. Hungerstreiks bis zum bitteren Ende zeigen, dass der Mensch durch Willensentscheidungen selbst so etwas Grundlegendes wie Hunger und Lebenswillen überwinden kann.

Der Begriff »angeborene Dispositionen« hebt hervor, dass sich in bestimmten Situationen angeborene Verhaltenskomplexe eher durchsetzen, wenn es an erlernten Alternativen mangelt. Beispiele hierfür sind vor allem die angeborene Disposition zur Gruppensolidarität und Gruppenaggression, aber auch die Fähigkeit zu Mitgefühl und uneigennützigem Verhalten.

Auch die Meinung »Erlerntes ist flexibel und kann leicht wieder verändert oder abgelegt werden bzw. ist schnell umkehrbar« stellte sich als falsch heraus. Automatisierte Bewegungsabläufe sind manchmal kaum verlernbar. Erfolgreiche Spitzensportler müssen oft in aufwändigen Trainingseinheiten eingefahrene, ungünstige Bewegungsanteile regelrecht abtrainieren und fallen unter Stressbedingungen dennoch hin und wieder in die alten Muster zurück. Auffällige Verhaltensweisen, die sich eine Person aufgrund ungünstiger oder gar pathologischer Lebensbedingungen aneignete – also erlernte –, sind manchmal kaum wieder rückgängig zu machen. Manche »Ticks« sind daher extrem therapieresistent. Auch das kindliche Einnässen ohne organische Ursachen stellte sich als erlernte, hartnäckige Fehlreaktion heraus.[11]

Wie wir gesehen haben, hat die Natur nicht nur Ihr Baby, sondern auch Sie eigentlich mit völlig ausreichenden Fähigkeiten für eine gelungene Eltern-Kind-Beziehung ausgestattet. Was aber ist es, das Sie manchmal daran hindert, auf Ihre elterliche Kompetenz zugreifen zu können? Ganz einfach: Es sind häufig Dinge, die Sie vielleicht als »Nebensächlichkeiten« oder »Kleinigkeit« betrachten und somit allzu oft unterschätzen, wie der folgende Abschnitt zeigen soll.

Mangel an Erfahrung und die daraus resultierende Verunsicherung

Allein die Tatsache, dass wir heute keinerlei Erfahrung im Umgang mit Babys und Kleinkindern haben, ist ein kritischer Faktor. Natürlich stellt sich die Frage, wieso eigentlich so etwas Wichtiges, wie die Fähigkeit zur Betreuung des Nachwuchses, nicht krisensicher in unserem Genom verankert ist, wodurch wir den Umgang mit Säuglingen erst üben müssen, anstatt es einfach zu können!?

Ich kann darauf nur antworten: Wir sind keine Ausnahme, selbst für unsere nächsten Verwandten – für Schimpansen und Gorillas – gilt Ähnliches. Zwar sind gewisse Kompetenzen vorhanden, aber auch sie müssen die richtige Betreuung von Jungen durch Zusehen und im Umgang mit Geschwistern oder innerhalb von Freundschaftsbeziehungen erlernen. Im genetischen Code als soziale, in kleinen Gruppen lebende Art angelegt, wurde weder bei unseren nächsten Verwandten noch in der Stammesgeschichte des Homo sapiens in der Evolution »mit eingeplant«, als Zootiere ohne Gelegenheit zum Umgang mit Jungen aufwachsen zu müssen; oder dass der »Homo kommunikativus« in einer internetbetonten Zeit zwar Informationen um den gesamten Erdball in Sekundenschnelle verbreiten kann, aber mangels Gelegenheit nicht weiß, wie er sein eigenes Baby halten soll.

In den heute gegebenen Klein- oder Kleinstfamilien scharen sich um ein Baby manchmal rund zehn Erwachsene – neben den Eltern gegebenenfalls ein Urgroßelternteil, mehrere Großeltern, eventuell kinderlose Tanten nebst Onkel und – wenn wir die Patchwork-Familien betrachten – sogar noch ein paar Leutchen mehr. Oft ist das eigene Baby das erste Kind, das man »in die Hände« bekommt. Da ist es nur allzu verständlich, unsicher im Umgang mit einem Säugling zu sein. Und diese Unsicherheit verhindert oft, dass man auf seine intuitiven Fähigkeiten zugreifen kann oder sich auf sie verlässt. Wie viele Eltern unterdrücken ihren ersten Impuls, ihr weinendes Baby hochzunehmen, durch die Bemerkungen von verschiedenster Seite, das Kind schon früh zu verwöhnen, hieße, dass sie so einen kleinen verzogenen Fratz heranziehen würden. Und schon verwehren sie ihrem Baby das, was es als »Tragling« vermisst und braucht, nämlich Körperkontakt (siehe S. 37 ff.).

Eltern wollen natürlich alles richtig machen, und stehen keine eigenen Erfahrungen zur Verfügung, muss man auf die der anderen zurückgreifen. Wer steht da näher als die eigenen Eltern? Immerhin fußen die »Verwöhnargumente« der älteren Generation zumindest doch auf eigenen Erziehungserfahrungen, auch wenn die Sache mit n = 2 oder 3 nicht gerade der statistische Renner ist – und auch wenn ein klein wenig Unbehagen dabei sein mag, da deren Erziehungsvorstellungen doch manches Mal stärker von Disziplin und Verwöhnängsten dominiert sind.

Wer ein bisschen neugierig ist, wieso die Angst vor dem kleinen Tyrannen nach wie vor so umgeht und nicht vor dem Babyalter Halt macht, sollte in einigen Kapiteln des Buches von Sigrid Chamberlain[12] schmökern, die sich mit den Erziehungsidealen im »Dritten Reich« auseinandersetzt und deren ungebrochene, jahrzehntelange Wirkung auf die Erziehungsansichten der Nachkriegsgenerationen. Traurige Tatsache ist: Das Buch *Die deutsche Mutter und ihr erstes Kind* (veröffentlicht 1938) ist – sicherlich verändert, aber dennoch von den früheren disziplinierenden Vorstellungen geprägt – unter dem Titel *Die Mutter und ihr erstes Kind* in letzter Auflage 1987 erschienen.[13] Ironischerweise galten in den Kriegsjahren da die Großmütter als Quelle allen Übels: Denn *sie (!) verwöhnten* die Kinder durch zu viel Zuwendung, Körperkontakt und direkte Ansprache ...

Mangelnde Erfahrungen versuchen wir in unserer modernen Welt meist durch möglichst umfassende Information über aktuelle Medien auszugleichen. Elternratgeber wie auch Informationszeitschriften zu den verschiedensten Themen verzeichnen einen stetig steigenden Umsatz, Internetseiten sind kaum mehr überschaubare Quellen des Wissens aller Couleur. Doch theoretisch angeeignetes Wissen wiegt praktische Erfahrungen nicht auf und kann Verunsicherung nicht verhindern. Zu allem Übel widersprechen sich manche Ratgeber auch noch. Ein »verkopftes« Herangehen an die Babypflege und Versorgung drängt ebenfalls das intuitive Elternverhalten in den Hintergrund. Damit wir uns nicht falsch verstehen: Information ist gut, kritische Auseinandersetzung mit den eigenen Verhaltensweisen ebenfalls. Doch andererseits kann eine ununterbrochene Kontrolle der eigenen Reaktionen aus Angst, etwas falsch zu machen, das intuitive Elternverhalten beeinträchtigen oder im Extrem sogar völlig verkümmern lassen.

Eine gewisse Portion Selbstvertrauen ist also durchaus angebracht. Auch wenn inhaltlich die Antwort eines frischgebackenen Vaters auf die Kommentare »besorgter« Freunde – bezüglich der nun »ungeheuren Verantwortung« – vielleicht nicht jedermanns Sache ist, aber von seiner selbstbewussten Einstellung kann man sich ohne Weiteres ein Scheibchen abschneiden: »Ich habe schon drei kleine Hunde zu klasse Typen erzogen, da werde ich mein eigenes Kind doch wohl auch noch hinkriegen.«

Ich wünsche Ihnen und mir, dass Sie aus der Lektüre dieses Buches Folgendes mitnehmen können:
● dass Sie sich aufgrund des Gefühls, mehr informiert zu sein, sicherer im Umgang mit Ihrem Baby fühlen;
● dass die Eltern-Kind-Beziehung jeden Tag aufs Neue genussvoll erlebte Zeit benötigt;
● dass Sie ein enorm wichtiges, elterliches »Bauchgefühl« namens »intuitives Elternverhalten« haben und Sie auch wissen, was dieses elterliche Bauchgefühl behindern kann oder gar unterdrückt;

- dass Sie neben möglicher Verunsicherung die wichtigsten Faktoren hierfür erkennen – und das sind: *Stress und Zeitdruck.*

Stress – das Gift für intuitives Elternverhalten

Für das intuitive Elternverhalten ist Zeitdruck, innere Hektik und Stress ein besonders kritischer Faktor. Um die momentane Befindlichkeit eines Babys zu registrieren und adäquat darauf reagieren zu können, braucht es innere Ruhe – und eben Zeit. Man kann sich kaum auf einen intensiven Eltern-Kind-Dialog quasi zwischen Tür und Angel einlassen, wenn gleich das ältere Geschwisterchen vom Kindergarten abgeholt werden muss, wenn man den Besuch der als Haushaltsperfektionistin bekannten Tante Lydia mit ihrem Staubröntgenblick fürchtet oder wenn der muntere Familienclan vom Norden oder Süden zur persönlichen Begrüßung des neuen Erdenbürgers eingefallen ist und zusätzlich noch den gesamten Tagesablauf durcheinanderbringt.

Es genügt auch schon, wenn man sich übermüdet und gefangen im Babyalltag, überfordert und alleine gelassen fühlt, aus welchen Gründen auch immer. Meist braucht es keineswegs zusätzliche Faktoren wie »lieben Besuch«, Sturzflug mit Beinbruch der Älteren oder eine streikende Waschmaschine, um den Tagesablauf wegen zeitlicher Engpässe in den kritischen Bereich rutschen zu lassen.

Bereits der ganz normale Tagesablauf mit Baby erfordert viel Organisationsgeschick, gelassenen Überblick, gute Zeitplanung – die dann doch nicht eingehalten wird – und nicht zuletzt gute Nerven. Die Vorstellung, dass Kinderbetreuung und Erziehung genauso planbar ist wie eine berufliche Karriere, müssen Eltern, die ihr Leben bisher wohlstrukturiert und gut durchorganisiert im Griff hatten, meist sehr schnell über Bord werfen, um nicht in eine Eltern-Kind-Zeitfalle zu geraten. Weder wird sich ein Baby genau an den ausgerechneten Geburtstermin halten noch seine Unpässlichkeiten arbeitsgerecht auf das Wochenende verlegen, wenn Beruf und Familie parallel gemeistert werden sollen. Ein Baby lebt im Hier und Jetzt und es erfordert eine gute Portion Selbstbewusstsein, dem Geschäftspartner die Verspätung mit dem Zuneigungsbedürfnis des kleinen unberechenbaren Wesens zu entschuldigen, wenn man eher mit Unverständnis rechnen muss. Aber die aktuellen Diskussionen um die Vereinbarkeit von Beruf und Familie stärken zumindest theoretisch ein wenig den Rücken.

Auf die Hemmschuhe einer gelungenen Eltern-Kind-Beziehung werde ich später nochmals zurückkommen (siehe S. 109 ff.), möchte aber zunächst den zeitlichen Ablauf des Bindungsgeschehens auf Babyseite etwas konkreter aufschlüsseln. Manche Hindernisse können bereits umschifft werden, wenn man die kindlichen Bedürfnisse in ihrer unterschiedlichen Altersausprägung mit in seine Planungen einbezieht. Wie erwähnt, muss die Bindung auf Elternseite – stammesgeschichtlich betrachtet – möglichst sofort aktiviert sein. Das Bindungsgeschehen auf Babyseite hat Zeit, folgt aber ganz bestimmten Gesetzmäßigkeiten, die durch die sich erweiternden, kognitiven und motorischen Fähigkeiten bedingt sind.

> **Die Kompetenzen eines Babys sind überraschend und seine Lernbereitschaft ist enorm. Es ist jedoch auf die Unterstützung seiner Eltern angewiesen, damit seine Fähigkeiten zur Geltung kommen können. Nicht nur Väter und Mütter, sondern jeder aufgeschlossene Erwachsene kann auf das intuitive Elternprogramm zurückgreifen. Es ist zwar biologisch angelegt, aber dennoch störanfällig. Stress, Zeitdruck und Verunsicherung können Eltern daran hindern, auf ihre Kompetenzen zuzugreifen.**

Das Eltern-Kind-Team

6 Babybindung konkret –
der zeitliche Ablauf des kindlichen Bindungsgeschehens

Der Aufbau der individuellen Bindungsbeziehung auf Seiten eines Säuglings erfolgt im Wechselspiel mit der Umwelt und verläuft im Takt der kindlichen Entwicklungsschritte. Die kognitiven Fähigkeiten eines Babys müssen erst heranreifen, um anspruchsvollere Anforderungen an eine Bindungsbeziehung erfüllen zu können. Den zeitlichen Ablauf der Bindung stellt man sich heute folgendermaßen vor:[1]

■ **Die erste unspezifische Phase der beiden ersten Monate:** In den ersten beiden Monaten sind die Aufforderung zu Betreuung und Umsorgung relativ unspezifisch an die Personen gerichtet, die gerade anwesend sind. Wer sich zeigt, wird angeschaut, angeschrien und angelächelt, schmusen und streicheln ist fast von jedem willkommen; selbst Stillen ist durch eine andere Frau möglich. Das heißt jedoch nicht, dass Babys nicht recht schnell zwischen Personen unterscheiden können. Doch dies ist noch nicht bindungsrelevant.

■ **Die zweite, schon deutlich differenziertere Phase liegt etwa zwischen dem 3. und 6. Monat:** Mit zwei/drei Monaten macht ein Baby in seiner Entwicklung einen großen Sprung nach vorne, die Interaktionen erreichen eine neue Qualität und es beginnt erste »Erwartungen« an seine Umwelt aufzubauen. Das heißt, es hat Abläufe gelernt und es hat entsprechend ganz bestimmte Erwartungen, wie seine verschiedenen Betreuungspersonen auf seine Signale reagieren und wie sie mit ihm umgehen. Nach und nach lernt ein Baby seine Eltern in immer neuen Facetten kennen. Es ist nun selbst ein bedeutend interessanterer Interaktionspartner für seine Eltern, weil es zu längeren Dialogen fähig ist und sie durch ein soziales Lächeln belohnt. Mit diesem »Entwicklungssprung« beginnt ebenfalls die intensive Zeit des Bindungsprozesses auf Seiten des Säuglings. Von nun an unterscheidet er deutlich zwischen unbekannten und vertrauten Personen, die auch eindeutig bevorzugt werden und auf die er besser und schneller reagiert. Es richtet sich mit seinen sozialen Äußerungen vor allem an seine vertrauten Menschen, denn sie sind die besseren Tröster, Clowns, Sprachlehrer und Lernanimateure.

■ **Die dritte Phase liegt etwa zwischen 7 und 12 Monaten:** Mit ungefähr sieben Monaten hat sich die Bindung etabliert. Die Eltern sind zur Sicherheitsbasis geworden, mit denen das Baby ganz personenbezogene Erwartungen verknüpft. Natürlich hat es in vielen Bereichen gewaltige Fortschritte gemacht, es kann nun krabbeln, gezielt greifen, differenzierter sozial reagieren. Jetzt setzt auch die »Fremdelphase« ein (bei manchen Kindern beginnt sie sogar schon mit 5 Monaten), die ihren Höhepunkt meist zwischen 9 und 12 Monaten erreicht. Sie muss jedoch keineswegs durch offensichtlich ablehnende Reaktionen gegenüber Fremden erkennbar sein. Auch wenn Babys keine sichtbaren Fremdelverhalten zeigen, sich weder ängstigen zu scheinen noch sich von unbekannten Personen abwenden: Anhand körperlicher Stressreaktionen ist dennoch erkennbar, dass auch diese Kinder fremdeln, das heißt, auch sie unterscheiden sehr wohl zwischen vertrauten Personen und Fremden und empfinden eine gewisse Angst und Beunruhigung.

■ **Das zweite Jahr, die Zeit der Festigung der Bindungsbeziehung:** Im Verlauf des zweiten Lebensjahres festigt sich die Be-

80

ziehung zu den verschiedenen Bindungspersonen.[2] Noch immer braucht es vor allem Erwachsene als Interaktionspartner. Das Spiel mit Gleichaltrigen bewegt sich in Minutenbereichen, oft ist es eher ein Nebeneinanderherspielen als ein Miteinanderspielen. Erst ab drei Jahren werden andere Kinder wichtig

Das Konzept der »internalen Arbeitsmodelle« – ein Erklärungsversuch

Bowlby formuliert: »Jedes Individuum konstruiert Arbeitsmodelle von der Welt und von sich selbst« in dieser Welt.[3] In dieses Modell fließen Gefühle, Wissen und Vorstellungen von sich selbst ein, aber auch die Reaktionen und Vorstellungen der Bezugspersonen, die einem Kind auf verschiedensten Wegen mitgeteilt werden. Ein Kind, dessen Wünsche nach Nähe liebevoll beantwortet wurden, wird eine andere Vorstellung von sich selbst entwickeln als ein Kind, dessen Kontaktwunsch von den Eltern als lästig empfunden wurde. Ein Kind als soziales Wesen wird sich dann selbst als liebenswert empfinden, wenn seine ihm vertrauten Menschen es auch als liebenswert betrachten und es entsprechend behandeln.

Je weiter die kognitiven Fähigkeiten eines Kindes fortschreiten, desto mehr gewinnen die Vorstellungsmodelle zunehmend an Komplexität, da immer mehr persönliche Aspekte integriert werden. So können die Gefühle und emotionalen Reaktionen anderer erst in ein inneres Arbeitsmodell eingefügt werden, wenn das Kind sich in andere hineinversetzen kann. Die zunehmenden sprachlichen Fertigkeiten und die verschiedenen Ebenen des Denkens und des Fühlens lassen die verschiedenen inneren Arbeitsmodelle immer umfassender werden.

und wirklich zu ausdauernden Spielpartnern, das heißt, die erwachsenenzentrierte Ausrichtung verliert ihre Dominanz, während Gleichaltrige und ältere Spielkameraden nun zu interessanten Interaktionspartnern werden. Die ständige Anwesenheit der Eltern ist unter normalen Umständen nicht mehr nötig, da das Kind nun verinnerlicht hat, dass seine Eltern eine Sicherheitsbasis bleiben, auch wenn sie nicht anwesend sind. Die Vorstellung von Mutter oder Vater, wie sie reagieren und wie sie es als Individuum wahrnehmen, wird wissenschaftlich auch als »internales Arbeitsmodell« bezeichnet.

Eine erste generelle Vorstellung von den Reaktionen der Eltern oder auch anderer Personen, also die ersten »internalen Arbeitsmodelle« entstehen bereits im 1. Lebensjahr. Sie bauen auf den zunächst einfachen Erwartungen eines Babys auf, sobald es die Reaktionen und Verhaltensweisen zum Beispiel seiner Mutter ein wenig kennengelernt hat. Internale Arbeitsmodelle werden natürlich ständig angepasst, je nachdem, wie sich die Umwelt und ihre Reaktionen verändern, aber auch je nachdem, wie die kognitive Entwicklung eines Kindes fortschreitet.

■ **Die vierte Phase, verknüpft mit dem Sprachverständnis:** Diese Phase beginnt, sobald das Kind sprechen kann und zu verstehen beginnt, was seine Eltern ihm erklären. Es begreift, dass andere Menschen andere Wünsche haben als es selbst und dadurch Konflikte entstehen können. Es wird die unterschiedlichen Sichtweisen umso besser verstehen, je eher Mutter oder Vater bereit sind, ihm ihre Wünsche und Vorstellungen zu erklären und mit ihm über seine Gefühle zu sprechen, und sie auch bereit sind, sie zu berücksichtigen.

Ein kleiner Exkurs in die Gehirnentwicklung

Gerade hinsichtlich der dritten Phase der Bindungsentwicklung zwischen etwa dem 7. und dem 12. Monat und der sich hieran anschließenden Zeit, in der sich die Bindungsbeziehung festigt, gibt es interessante neuronale Erkenntnisse: Für das Gefühlsleben ist vornehmlich das limbische System zuständig. Es entscheidet zum Beispiel auch darüber, ob wir in Stresssituationen gelassen oder aggressiver bzw. verzweifelter reagieren. Ein anderes Areal, der präfrontale Cortex im Stirnbereich, verbindet Emotionen mit vernünftigem Handeln. Dieser präfrontale Cortex ist gerade zwischen dem 6. und 20. Lebensmonat besonders aktiv, also in der Zeitspanne, in die wichtige Teile des Bindungsprozesses fallen.

Ein Kind kommt mit fast allen Neuronen, die es je in seinem Leben haben wird, zur Welt. Das Vernetzungsmuster der Neuronen unterscheidet sich jedoch erheblich von dem eines Erwachsenen (das Gewicht des Gehirns beträgt zunächst nur ein Fünftel). Die Verbindungen zwischen den Neuronen müssen erst noch hergestellt werden, auch wenn dies nicht allein für den großen Gewichtsunterschied verantwortlich zeichnet. Entsprechend der »Nutzung« der verschiedenen Gehirnareale strukturiert sich das Gehirn nach und nach – es wird also »nach Bedarf« umgebaut und angepasst.

Konkret bedeutet dies: Das kindliche Gehirn benötigt Anregung, um sich weiterentwickeln zu können – und zwar im richtigen Maße und zum richtigen Zeitpunkt. Ein vorgeburtliches Fremdsprachentraining wird kaum mit Erfolg gekrönt sein, da das kindliche Gehirn hierfür noch nicht bereit ist, vielmehr dürfte es unter die Rubrik »Fehlstimulierung« fallen und die normale Entwicklung vielleicht sogar stören. Durch eine an den Entwicklungsstand des Kindes ausgerichtete Stimulierung der einzelnen Gehirnregionen können sich nach und nach die Verbindungen herausbilden und, entsprechend der Nutzung, immer mehr intensivieren. Lernen heißt in neurologischer Hinsicht, dass sich die Synapsenstärke entsprechend der Nutzung ändert.[4] Mit jedem Schmusen, Streicheln und Trösten werden also die für die Emotionen zuständigen Gehirnareale angeregt und die synaptischen Verknüpfungen vermehrt, das heißt, die zuständigen Gehirnareale entwickeln sich komplexer und vielschichtiger.

Die individuelle Bindung eines Säuglings erfolgt in vier Phasen im Einklang mit seinen sonstigen Entwicklungsschritten. Das Fremdeln zeigt, auch wenn es manchmal nach außen nicht erkennbar ist, dass es nicht nur zwischen vertrauten und fremden Personen differenzieren kann, sondern dass es sich nun an seine Eltern gebunden hat und sie damit zur Sicherheitsbasis wurden.

Teamarbeit Bindung

Aber die Eltern schaffen den Rahmen

Zu wissen, was das intuitive Elternverhalten fördern bzw. behindern kann, hilft, den Elternalltag kritisch unter die Lupe zu nehmen und vor allem, von vornherein auf ein günstiges Umfeld hinzuarbeiten. Ein geeigneter Familienalltag und damit gute Voraussetzungen für eine gelungene Eltern-Kind-Beziehung können und sollten schon früh, also weit vor der Geburt vorbereitet werden. Sie sollten sich immer bewusst sein: Kinder sind keine Experimente, sondern von Beginn an Persönlichkeiten mit eigenen Bedürfnissen und Gefühlen, die auch von Anfang an ernst genommen werden wollen. Und auch die ganz normalen Veränderungen, die ein Baby zwangsläufig für den Alltag bedeutet, dürfen nicht unterschätzt werden. Denn im tagtäglichen immer wiederkehrenden »Einerlei«, in den normalen, kaum wahrgenommenen Momenten und im alltäglichen Chaos entscheidet sich die Qualität der Beziehung zwischen Kind und Eltern – und nicht durch die einmaligen, besonders arrangierten Ereignisse, auch wenn diese meist in der Erinnerung bleiben.

Die Frage sollte stets im Vordergrund stehen: Ist das tagtägliche Umfeld, sind die normalen Bedingungen prinzipiell geeignet für eine Kinderumsorgung und das Bindungsgeschehen? Das jedoch hat zunächst wenig mit materiellen Dingen zu tun. Auf das eigene Zimmer kann anfangs gut verzichtet werden, nicht jedoch auf die Nähe antwortbereiter Eltern. Lebensumstände, bei denen von vornherein absehbar ist, dass das Familienleben prinzipiell an der oberen Grenze der Belastbarkeit der Eltern ablaufen wird, sind keine guten Voraussetzungen. Denn in unserer heutigen Gesellschaft muss die Kleinstfamilie ohne das Auffangnetz auskommen, das einst die Großfamilie mit ihren »menschlichen Ressourcen« insbesondere für »Familienanfänger« darstellte.

7 Vorbereitung für einen gelungenen Start in die Bindungsbeziehung –

ein Kapitel für Mütter, das Väter lesen sollten

Vorbereitung auf die Geburt – die »innere Einstellung« nicht nur zum Baby

Weder beginnt die Elternschaft noch die Existenz eines Lebewesens mit der Geburt. So, wie die Sinne eines Kindes allmählich heranreifen, um nach der Geburt einsatzfähig zu sein, kann auch die innere Einstellung zum Baby und seine Bedeutung für die weitere Lebensspanne die elterlichen Gefühle sensibilisieren und festigen. Selbst wenn zunächst pure Freude und Stolz auf die Schwangerschaft vorherrscht, so stellt sich meist doch schnell, insbesondere wenn es die erste Geburt sein wird, Unsicherheit und eine gewisse Portion Ängstlichkeit ein. Denn allem Neuen wohnt neben Anregendem eben auch Beängstigendes inne, da man einfach nicht weiß, was sich in einer zu diesem Zeitpunkt nicht überschaubaren Zukunft hieraus entwickeln wird.

Werdende Mütter haben oft mit recht wechselnden Gefühlen zu kämpfen. Die belastenden Gedanken kreisen nicht nur um materielle Dinge, wie finanzielle Erwägungen oder beengte Wohnverhältnisse. »Kann ich wirklich eine gute Mutter sein?«, zählt ebenso dazu wie die Frage, ob der Partner ein engagierter Vater sein wird; und auch wie sich die Partnerbeziehung zwischen den zukünftigen Eltern verändern wird, die sich bisher ja nur als Paar kennen.[1] Diese Befürchtungen können auch nicht einfach mit der Geburt abgestreift werden, weil die Ursachen für die nächste, absehbare Zeit zum großen Teil weiterhin aktuell bleiben. In kritischen Lebenssituationen – und auch die Babyzeit kann manchmal allein durch die körperliche Belastung phasenweise dazugehören – verschärfen sich üblicherweise auch Problemfelder, die von den momentan belastenden Faktoren unabhängig sind. Der berühmte Streit um die Zahnpasta-Tube kommt oft erst dann in ungeahnter Sprengkraft auf den Tisch, wenn sich andere, wirklich große Streitfragen aufgetan haben.

Um möglichst wenig tiefschürfende Probleme mit in die Elternschaft hinüberzunehmen, sollten Sie daher all Ihre Bedenken und Ängste schon frühzeitig formulieren und mit demjenigen besprechen, den es betrifft – und das dürfte überwiegend der zukünftige Vater sein. Es scheint aber auch so, als ob die Erweiterung einer Familie um ein kleines drittes Mitglied die unaufgearbeiteten Problembereiche mit den eigenen Eltern erneut auftun. Vielleicht weil die Beschäftigung mit Erziehungsfragen auch die Erinnerungen an die eigene Kindheit verstärkt aufleben lässt. Gelingt eine Aufarbeitung der Dissonanzen mit den eigenen Eltern – mit ihren Erziehungspraktiken und ihren Vorstellungen –, wirkt sich dies meist auch positiv auf die neue kleine Familie aus.

Je bewusster man sich mit den verschiedenen, beunruhigenden Punkten auseinandersetzt, umso eher verlieren sie ihre Brisanz und umso eher können frühzeitig Lösungswege gefunden werden. Oft sind es vermeintliche Nebensächlichkeiten, die sich später im alltäglichen Leben als extrem belastend herausstellen. Hierzu zählt der üblicherweise stillschweigend stattfindende und meist genauso stillschweigend akzeptierte

Teamarbeit Bindung

Schwenk zur konservativen Aufteilung der Hausarbeiten. Die zukünftige Haushaltsaufteilung sollte schon im Vorhinein in etwa abgeklärt werden – ohne dass sie zum Gesetz erhoben wird –, damit es nicht später zum belastenden, täglichen Ringen um Zeitressourcen kommt. Denn das neue Familienmitglied bedeutet zusätzliche und vor allem unberechenbare »Mehrarbeit«. Statt des mit Liebe gekochten Abendessens muss trotz schmaler Haushaltskasse ohne Weiteres der »Pizzaexpress« erlaubt sein. Bügeleisen und Waschmaschine können ruhig unter dem Motto »Selbst ist der Mann« neu entdeckt werden. Und wen kümmert eigentlich, wann die Fenster das letzte Mal geputzt wurden?

Der Abschied vom sogenannten ordentlichen Haushalt ist angesagt sowie Sparsamkeit oder Verschwendung an der richtigen Stelle. Die eingesparte Zeit kann dann dort, wo sie nötig ist, gewinnbringend umgesetzt werden – nämlich in Schmuseeinheiten mit dem Baby und elterlicher Zweisamkeit. Vielleicht sollten Sie in Ihrem Bekanntenkreis dezent vom Kauf der vielen süßen Kuscheltiere abraten (das Vergnügen will man sich ja eigentlich selbst gönnen) und stattdessen ein »Babysparbuch« anregen in Form eines Gutscheins für »Chinamenü auf Rädern«, für eine »Einkaufsfahrt zum Getränkegroßhändler« oder »Vier Hemden bügeln«. Alles, was Eltern unliebsame, zeitaufwändige Arbeiten abnimmt, kann direkt in Baby- und Elternzeit umgemünzt werden.

Schwangerschaft oder Die »schleichende Entmündigung«

Werdende Mütter sehen sich umwälzenden Veränderungen gegenüber. In unserem Kulturkreis bedeutet die Geburt und die sich daran anschließende Zeitspanne der Kinderbetreuung für eine Frau üblicherweise einen – wenn auch heute meist vorübergehenden – Austritt aus ihrem hauptsächlichen Tätigkeitsbereich, also dem Beruf. Damit ist normalerweise ein grundlegender Wechsel des Selbstverständnisses verbunden: von einer gesellschaftlich akzeptierten und integrierten Person hin zu einer »zweitklassigen« Stellung einer sich »nur« um die Erziehung kümmernden Mutter. Das heißt konkret: weniger Anerkennung, oft verbunden mit sozialer Desintegration. Auch wenn allgemein Kinder und Kindererziehung als bedeutungsvoll für unsere Gesellschaft angesehen werden – es sind und bleiben im alltäglichen Geschehen Lippenbekenntnisse. Die Formulierung »Ich bin nur Hausfrau« oder das verzweifelte Bemühen, genau dies zu umgehen, zeugt nach wie vor davon, dass der Aufgabenbereich Kindererziehung eine wenig anerkannte Funktion ist.

Die Zeit der Schwangerschaft läutet eigentlich bereits die veränderte Stellung einer Frau in unserer Gesellschaft ein. Je näher die Geburt rückt, desto mehr wird dieser Zeitraum durch medizinische Komponenten bestimmt, und zwar unabhängig vom tatsächlichen Gesundheitszustand von Mutter und Kind – werdende Mütter bekommen ja schon den Touch des **Risikofaktors** für das **eigene** Kind, wenn sie zur mittleren Altersgruppe zählen. Umso mehr bestimmt auch der betreuende Arzt das Geschehen und umso mehr wird ihm auch die Verantwortung übertragen. Das mag die Schwangere vorübergehend zwar entlasten, birgt aber die Gefahr, dass dieses Übertragen von Zuständigkeit auch an ungeeigneter Stelle beibehalten oder beansprucht wird. Nicht dass die Errungenschaften der Medizin geschmälert werden sollen, nur die Wertung steht zur Diskussion.

Die Entmündigung setzt sich nicht selten auf der Wochenbettstation fort. Und wenn die Mütter schließlich nach Hause entlassen werden, sollen sie auf einmal selbstbewusst und kompetent und meist auch noch weitgehend allein die Säuglingspflege im Griff haben, die Bindungsbeziehung des Babys zu ihr als Hauptbezugsperson sichern, nahezu 24 Stunden in Sachen Kinderbetreuung im Einsatz sein, den Haushalt locker nebenbei schmeißen und sich natürlich noch als attraktive Partnerin fühlen. Fast hätte ich es vergessen: Nebenbei sollen Sie ja auch noch Ihren beruflichen Werdegang nicht aus den Augen verlieren, indem Sie den Kontakt zur Arbeitsstelle aktiv und regelmäßig aufrechterhalten, um sich als engagierte Kraft zu outen. Das Thema »Supermutter« ist hoffentlich hiermit vom Tisch. Im Zusammenleben mit Kindern ist Realitätsnähe angesagt. Und sich mit all diesen Punkten und Vorstellungen erst dann auseinanderzusetzen, wenn sie tatsächlich anstehen, gefährdet eine gelungene Babyzeit.

Zurück zum erfolgreichen Start in die Bindungsbeziehung: Unser Thema habe ich keineswegs vergessen, doch »Babyglück« lässt sich nun mal nicht vom »Familien- und Mutterglück« trennen. Es ist immens wichtig, dass sich nicht nur die Mütter mit den zukünftigen Veränderungen beschäftigen, sondern auch Väter. Vielleicht kann sogar die künftige aktive Großelterngeneration mit in die Relativierung der Punkte einbezogen werden, die sich zu Schwierigkeiten auswachsen könnten. Allein schon darauf gefasst zu sein, entschärft oft bereits ein Problem. Und manches kann tatsächlich im Vorhinein geregelt werden, nimmt also Verunsicherung und setzt Kräfte frei. Vor allem schafft es Raum, um möglichst ruhig und entspannt die neuen, wirklich wichtigen Aufgaben zu meistern: »Kinderkriegen«, »Unverhofftes bewältigen« und »mit dem alltäglichen Chaos leben«.

Selbst frischgebackene Eltern, die sich bisher mit den Themen Geburt und kindliche Entwicklung lange Zeit professionell beschäftigten und über ihre Arbeit direkten Einblick in die Nöte von Familien mit Neugeborenen gehabt hatten, waren zwar gut vorbereitet, aber der Kommentar »Ich hätte nie gedacht, dass ich so geschafft sein kann« zeigt doch, dass die Baby-Realität immer noch genügend »Unvorhergesehenes« bereithält.

Geburtsvorbereitungskurse – mehr als nur ein Atemtechnik- und Babywickelkurs

Wie mehrfach schon erwähnt: Verunsicherung mangels eigener Erfahrungen ist einer der kritischen Punkte, der indirekt den Aufbau einer Bindungsbeziehung behindert, da er die Feinfühligkeit und das intuitive Elternprogramm beeinträchtigt. Versuchen Sie deshalb, möglichst alles wahrzunehmen, um entsprechend gegenzuarbeiten. Auch Geburtsvorbereitungs-Kurse sollten Sie demzufolge nicht nur als Möglichkeit sehen, geeignete gymnastische Übungen und Atemtechniken zu erlernen. In manchen Kursangeboten werden beispielsweise auch psychische Aspekte berücksichtigt. Und vielleicht steht Ihnen die Kursleiterin nicht nur als Hebamme zur Verfügung, sondern nimmt auch die Wochen nach der Geburt für Nachsorgetermine wahr. Aus den Kursen heraus entwickelt sich gegebenenfalls ein Beziehungsgeflecht von (hoffentlich eben Nicht-) Leidtragenden, und falls sogar neue Freundschaften entstehen, umso schöner. Das klingt nach illusorischem Rundum-Sorglospaket, aber so etwas gibt es. Je weniger Sie vom Idealzustand abstreichen müssen, desto besser.

Manche Institutionen, die Geburtsvorbereitungskurse veranstalten, bieten auch Still-Cafés, Elternsprechstunden, Mütterrunden oder wie diese Treffs auch immer heißen mögen an, bei denen manchmal erfahrene Hebammen oder Beraterinnen ansprechbar sind, in denen aber auch Mütter ungezwungen miteinander plaudern können. Diese oft unverbindlichen Treffen bieten Gelegenheiten, Fragen und mehr oder weniger große

Teamarbeit Bindung

Probleme nicht nur mit kompetenten Beratern zu besprechen. Mütter können hier Ungeklärtes auch in einer Runde anderer vorbringen, die sich in derselben Alltagskonstellation befinden. Es sind ja nicht immer gleich grundlegende Schwierigkeiten, die einen mit dem Kinderalltag hadern lassen. Oft sind es nur Kleinigkeiten, die den Alltag schwierig gestalten und die man unter Gleichgesinnten in lockeren Gesprächen diskutieren kann. Manch praktischer Tipp macht erfolgreich die Runde von einer Elterngruppe zur anderen. Glauben Sie mir, manchmal hilft es auch schon zu erfahren, dass andere sich mit denselben Fragen und Tücken herumplagen. Auf diese Weise verlieren sie ihre Brisanz, weil man feststellt, dass man nicht die Einzige ist, die sich anscheinend so ungeschickt anstellt.

Insgesamt ist es jedoch ungemein wichtig, dass Sie bereits vor der Geburt beginnen, an einem sozialen Netz zu stricken, das auch nach dem großen Ereignis ansprechbar ist für Ihre Bedürfnisse, Fragen, Probleme. Auf Dauer ist dies meist nicht Ihr bisheriger Freundeskreis, sofern ihm nicht ebenfalls Eltern mit kleinen Kindern angehören. Denn die Zeitressourcen, Interessen und Gesprächsthemen von Paaren ohne Kinder unterscheiden sich erheblich von denen mit Baby und führen nahezu zwangsläufig zu Abstimmungsproblemen und Desinteresse, sodass derartige Freundschafsbeziehungen früher oder später meist auseinandergehen. Nicht-Kind-»Besitzer« interessiert es eben nicht so sonderlich, wenn Klein-Anton einen Zahn bekommt, das erste (!) Mal einen Fussel im Pinzettengriff vom Boden klaubt oder wenn Sie von den neuen Windeln-Spezial für sanftere Kinderpopöchen schwärmen. Das ist so ähnlich wie wenn ein Ski-Freak von einem Segelfan über Luv, Lee und dem geschicktesten Einsatz des Focksegels aufgeklärt wird. Zwar hört man sich so etwas mal einen Abend interessiert an, aber dass ein Baby monatelang das Zentrum des Interesses und Gesprächsthema Nr. 1, 2 und 3 sein kann, ist nur für aktive Eltern nachvollziehbar.

Die Geburtssituation in der westlichen Welt – wenig angepasst an die mütterlichen Bedürfnisse

Es mag zunächst egoistisch klingen, aber wenn Sie an sich selbst denken, also auf Ihr eigenes Wohl bedacht sind, schaffen Sie auch ein gutes Ambiente für Ihr Baby. Denn sind Sie entspannt, gelassen, wenig verunsichert, können in diesen guten Rahmenbedingungen Ihre intuitiven Fähigkeiten auch zur Geltung kommen – und das wiederum kommt Ihrem Baby zugute.

Es sind viele indirekte Faktoren, die einer gelungenen Eltern-Kind-Beziehung entgegenkommen. Ein wichtiger Punkt dabei ist natürlich auch, sich schon frühzeitig darüber im Klaren zu sein, in welchem Rahmen Sie sich bei der Geburt wohlfühlen würden und wie die Zeit danach aussehen sollte. Die erste Stunde nach der Geburt ist wichtig, aber die Wochenbettzeit genauso.

Wie schon erwähnt: In der Zeitspanne vor der Geburt wird nicht selten der Mutter zunehmend die Verantwortung für die Geburt und für das Ungeborene – oft unbewusst – entzogen und kann während der Geburt ihren Höhepunkt erreichen – und zwar dann, wenn sie am wenigsten in der psychischen Verfassung ist, dagegen anzugehen. Der Geburtsvorgang wird leider immer noch überwiegend als ein potenziell Frau und Kind gefährdender Vorgang gesehen, der überwacht und optimiert werden muss. Frauen werden heutzutage meist nicht von vornherein als »von Natur aus fähig, Kinder zu gebären« betrachtet.[2] Berücksichtigt man jedoch die Erfolgsgeschichte der Menschheit, so besteht wohl kein Zweifel, dass dem so nicht ganz sein kann.

Dies soll keineswegs das Gefährdungspotenzial für Mutter und Kind leugnen, zumal sich die Gattung Homo sapiens eine der kompliziertesten Geburtsvarianten hat »einfallen« lassen.

Jedoch bedeuten diese beiden sehr verschiedenen Einstellungen eine von Grund auf andere Einschätzung der Geburtssituation und der Rolle der primär Beteiligten – nämlich Mutter und Kind. Auf der einen Seite steht der Ansatz, dass die Abläufe an die Bedingungen eines optimalen Geburtsvorgangs – aus der Sicht des kompetenten Fachpersonals (Hebamme, Arzt) – anzupassen sind. Auf der anderen Seite dominiert die Vorstellung, dass das agierende Team (Mutter, Kind) von Natur aus in der Lage ist, den überaus komplexen Vorgang »Geburt« meistern zu können, während Hebamme und Arzt die Geburt begleiten bzw. allgemein unterstützen und nur dann eingreifen, wenn Komplikationen auftreten.

Ein Seitenblick auf die Gepflogenheiten in traditionalen Kulturen verdeutlicht diese Diskrepanz und bietet vielleicht auch Entscheidungshilfe (siehe auch S. 96).

Die gängige Geburtssituation in unserer Kultur könnte kaum stärker von dem Ablauf in traditionalen Kulturen abweichen. Üblich ist eine Geburt in wenig vertrauter Umgebung, die noch dazu mit dem Namen »Krankenhaus« oder »Klinik« nicht gerade positiv belegt ist. Auch wenn heute meist der Partner als vertraute Person die Geburt mit begleitet, so ist das Krankenhauspersonal oft so gut wie unbekannt. So manches Mal kennt man die Hebamme und den Arzt nur von wenigen Begegnungen, und es kommt durchaus vor, dass während der Geburt das gesamte Personal wechselt.

Ein unbekannter Ort, anonymer Geburtsbeistand – nicht selten eine mehr medizinisch funktionell geprägte, horizontale Gebärposition. All dies verstärkt die Verunsicherung und Ängste, die sich während der gesamten Schwangerschaftszeit mehr und mehr aufbauen und die gerade beim ersten Kind die Zuversicht und Hoffnung auf einen guten Verlauf der Geburt schwinden lassen können. Nicht nur vom Menschen, sondern von allen höheren Säugetieren weiß man, dass Wehen, insbe-

Die Gebärende in traditionalen Kulturen – selbst-bestimmt, aber gleichzeitig umsorgt und unterstützt

In traditionalen Kulturen sind für die Geburt bestimmte Orte vor-gesehen – sei es die eigene Hütte, das Frauenhaus oder eine an-dere Stelle, stets jedoch sind es vertraute Lokalitäten. Die wer-dende Mutter ist sich zudem sicher, dass ihr während der Geburt alle erdenkliche Unterstützung zuteil wird. Sie ist von vertrauten und erfahrenen Frauen umgeben, deren volle Aufmerksamkeit auf ihre Befindlichkeit gerichtet ist und die sie körperlich wie mental unterstützen. Sie stellen sich ganz auf die Wünsche der Gebärenden ein und erleichtern ihr möglichst die jeweils selbst gewählten Körperpositionen. Auffällig auch der häufige Körper-kontakt zur Gebärenden, ein körperlicher wie psychischer Halt.

Beschwörungen, rituelle Handlungen, Massagen – hierüber er-hält die Frau während der Geburt eine psychosoziale Einbettung, die als wichtiger Bestandteil der Angstreduktion gilt. Sie haben zudem die Funktion, das Vertrauen der Gebärenden in das Gelin-gen der Geburt zu festigen und Ängste zu nehmen. Unsicherheit und Angst steigern allgemein Verkrampfungen und Verspan-nungen, was die Schmerzen verstärkt, die Geburt verlängert und insgesamt erschwert.

Während der Geburt sind übrigens häufig ältere Mädchen an-wesend. Frühzeitig erleben sie so Geburten in ihrem direkten Umfeld mit und sammeln durch direkte Anschauung erste Erfah-rungen. Durch diese praxisnahe Wissensvermittlung wird einem großen Teil der Ängste vorgebeugt, denn bereits Erstgebärende sind in traditionalen Kulturen vertraut mit der Geburtssituation.[3]

Und gerne übernehmen Mädchen (aber auch Jungen) die Auf-gabe, sich um Säuglinge oder Kleinkinder zu kümmern. Frauen ha-ben also schon umfassende Erfahrungen im Umgang mit Säuglin-gen, wenn sie zum ersten Mal selbst Mutter werden.

sondere in der Eröffnungsphase, durch angstbedingten Stress gehemmt werden. Das Phänomen, dass die Wehen beim Betreten des Krankenhauses wieder aussetzen, ist keineswegs unbekannt. Stress fördert außerdem Verkrampfungen und Verspannungen, sodass die Geburt verlängert und schmerzhafter wird. Auch wenn der Partner die Gebärende psychisch unterstützen kann, so ist die Situation auch für ihn neu und verunsichernd. Aus eigener Hilflosigkeit und Verunsicherung, und quasi als Fortsetzung aus der Schwangerschaftszeit, wird die Verantwortung für die Geburt nun verständlicherweise an kompetentere, jedoch mehr oder weniger unbekannte Personen abgetreten – und das in einer eigentlich sehr intimen, verletzlichen und umwälzenden Situation. Da das Vertrauen in die Fähigkeiten dieser Personen aufgrund ihres Berufsstandes übertragen wurde, können jedoch irritierende Ereignisse schnell Zweifel an deren Kompetenz aufkommen lassen und den Geburtsverlauf zusätzlich erschweren.

Nachdem wir nun wissen, wie es nicht sein sollte, wird es Zeit, zu überlegen, was wünschenswert und was machbar ist in unserem Gesellschaftssystem. Auch wenn uns die traditionalen Kulturen in dieser Beziehung ideal erscheinen mögen, eine direkte Übertragung ist weder möglich noch wünschenswert. Weder können wir einen allgemeinen Anschauungskurs für junge Mädchen initiieren, noch möchten wir die Partner wieder aus dem Kreißsaal verbannen, nur selten sind in traditionalen Kulturen nämlich Väter bei der Geburt anwesend.

Sie können sich jedoch gründlich und frühzeitig über die Gegebenheiten in den Krankenhäusern informieren: Begleitet die Hebamme die gesamte Geburt, sagt mir der Arzt/die Ärztin zu, sind die Räumlichkeiten ansprechend? Erscheint das Personal zugänglich für Fragen, Bedürfnisse und Wünsche? Gibt es jedoch keine Klinik in akzeptabler Nähe, die diese Ansprüche erfüllt, bleibt alles graue Theorie. Und dennoch: Der

Druck, den Wünschen der Eltern entgegenzukommen, ist heute so groß wie kaum zuvor. Und je häufiger Wünsche angemeldet und vehement vertreten werden, umso größer ist die Wahrscheinlichkeit, dass sie auch berücksichtigt werden. Vor allem, da seit einiger Zeit immer mehr *Geburtshäuser* entstehen, die das Wohlbefinden der Eltern betont berücksichtigen.

Einen verunsichernden Wechsel vom vertrauten heimischen Refugium in ein fremdes Territorium lässt sich natürlich am ehesten durch eine *Hausgeburt* vermeiden. Obwohl in Deutschland bis in die 1960er-Jahre vorwiegend Hausgeburten verzeichnet wurden, sind sie heute eher die Ausnahme als eine bewusst ins Auge gefasste Alternative zur Klinikgeburt. Als Hinweis am Rande: In den Niederlanden haben Hausgeburten nicht den Touch des Risikos, sodass sich dort zirka ein Drittel der Eltern für den Heimvorteil entscheiden – ohne erhöhtes Risiko für Mutter und Kind.[4]

Vielleicht mögen Sie sich fragen, was denn eine Geburt zu Hause oder in der Klinik eigentlich mit der Eltern-Kind-Bindung zu tun hat. Nun, eine leichter verlaufende Geburt ist weniger erschöpfend und schmerzhaft, wodurch sich der Gebrauch von Schmerzmitteln erübrigt, die die Wahrnehmung und Empfindsamkeit trüben. Mütter können so die erste Zeit nach der Geburt bewusster und aufnahmefähiger erleben. Außerdem sinkt natürlich mit jedem Faktor, der Stress und sich hieraus ergebende Komplikationen vermeidet, die Notwendigkeit zu Interventionen jeglicher Art. Nach wie vor wird mit der Gabe von Schmerzmitteln, Einleitung der Geburt und Kaiserschnitten von medizinischer Seite zu inflationär umgegangen, inzwischen aber auch von Elternseite. Eine seit Jahrzehnten tätige Hebamme klagte: »Früher musste ich mich mit den Ärzten auseinandersetzen – und jetzt, wo die einsichtiger geworden sind, muss ich auf einmal mit den Eltern diskutieren! Ein Kaiserschnitt ist und bleibt, auch wenn er heute Routine ist, immer noch eine Operation!«

Verschiedenste Untersuchungen zeigen, dass Kaiserschnitt-Babys noch einige Wochen nach der Geburt unruhiger sind und häufiger unter Atemstörungen leiden. Das ist eigentlich nicht erstaunlich: Das Neugeborene hat ja durch den Kaiserschnitt einige von der Biologie vorgesehene Schritte übersprungen, die Geburt ist schließlich kein passives Geschehen. Im Gegenteil: Das Kind arbeitet sich bei diesem Vorgang nicht nur durch ein ungemein kompliziertes Bewegungsmanöver regelrecht ans Licht der Welt, sondern sein Organismus durchläuft grundlegende und umfassende physiologische Umstellungen. Durch den Wehenstress wird bei der normalen Geburt eine Reaktionskette angestoßen, bei der eine Mischung aus Hormonen die Anpassung des Körpers an die neuen Lebensbedingungen einleitet und reguliert.

Kein Wunder, dass ein Baby »erstaunt« nach Atem ringt, wenn es die wohltemperierte Geborgenheit des Mutterleibs verlässt. Dieser erste Luftschnapper ist geradezu eine physiologische Revolution mit Unabhängigkeitserklärung an die mütterliche Sauerstoffversorgung, wobei der Blutkreislauf die Evolution »nachspielt«. Er muss von einer amphibienähnlichen Zirkulation auf das Niveau der menschlichen Spezies umgestellt werden. Ein Sicherheitsnetz bilden bei diesen Umwälzungen bestimmte Hormone, die das Neugeborene vor Schäden durch Sauerstoffmangel schützen. Das zeigt, dass trotz aller Umstellungen das Kind wunderbar an den Geburtsvorgang angepasst ist, schließlich ist die Evolution der Menschheit eine Erfolgsgeschichte.

Man sollte meiner Meinung nach statt des in der Psychologie so gern zitierten »Traumas der Geburt« besser vom »Trauma des Kaiserschnitts« sprechen. Vom evolutionären Standpunkt aus gesehen, kann es sich wohl kaum eine Spezies erlauben, prinzipiell erst einmal mit einem Handicap ins Leben zu starten. Nachuntersuchungen zeigten zudem (auch wenn die Hintergründe nicht klar sind), dass Kaiserschnittkinder in den folgenden Jahren häufiger im Krankenhaus waren als normal entbundene Babys. Aber auch die Mütter hatten mit Nachwirkungen zu kämpfen. Neben dem zunächst eher schwierigeren Stillbeginn waren sie psychosomatisch anfälliger, hatten eher Empfängnisschwierigkeiten und fühlten sich erschöpfter.[5]

Die Wochenbettsituation – vom Rooming-in bis zur ambulanten Geburt: Hauptsache, das Ambiente stimmt

Kein Zweifel, die erste Stunde nach der Geburt ist für den Anstoß der mütterlichen Gefühle enorm wichtig. Aber so manches Mal wird dabei vergessen, welch essenzieller Baustein für den Bindungsstart der intensive Kontakt zwischen Mutter und Kind nicht nur in der ersten Stunde, sondern in den gesamten nächsten Tagen nach der Geburt ist. Nochmals zur Erinnerung: Mütter, die ihr Baby während des Wochenbetts ständig bei sich haben konnten, stillten eher, außerdem war die Still-

»Rooming-in« – Nähe, die Vertrautheit steigert

Hier werden auf der Wochenbettstation die Mutter und das Neugeborene im selben Raum untergebracht. Rooming-in fördert die Bindung zwischen Mutter und Kind, verringert das Infektionsrisiko von beiden während und lange nach dem Klinikaufenthalt. Es fördert darüber hinaus die Verhaltens-Synchronisation zwischen beiden, zum Beispiel hinsichtlich des Schlaf-Wach-Rhythmus' und ermöglicht der Mutter, den Verhaltenszustand ihres Babys beobachten und berücksichtigen zu können, was allgemein die Schreidauer verringert.

Teamarbeit Bindung

rate höher und es traten weniger praktische Probleme auf (siehe auch S. 44 ff.). Sie gingen sicherer mit ihren Babys um und fühlten sich kompetenter.[6] Auch die Entwicklung einer harmonischen Interaktion zwischen Mutter und Kind kann man eher in der Rooming-in-Situation beobachten[7], schließlich wächst die Vertrautheit mit jeder gemeinsamen Stunde. So weinen und quengeln die Babys auch weniger, schließlich können die Mütter ihre Signale sofort wahrnehmen und darauf reagieren.[8] Nicht zu vergessen: Die Infektionsgefahr für das Baby ist bedeutend geringer – und dies gilt nicht nur für den Zeitraum des Klinikaufenthalts, der Effekt hält noch Wochen nach der Entlassung aus dem Krankenhaus an.[9]

Auch hier sollten wir uns einen Blick auf die Gepflogenheiten traditionaler Kulturen erlauben, um die Bedeutung dieser gemeinsamen Zeiten von Mutter und Kind genügend würdigen zu können (siehe S. 102).

Rooming-in ist in der Kliniksituation eigentlich das moderne Pendant zu den Gepflogenheiten in traditionalen Kulturen. Es mag zunächst den Anschein haben, dass es sich in den Geburtsabteilungen allgemein durchgesetzt hätte. Die positive Entwicklung in den Krankenhäusern möchte ich keineswegs leugnen, in der Realität entpuppt sich das Rooming-in-Angebot mancher Klinik-Infobroschüren jedoch häufig als Mogelpackung. Hin und wieder versteckt sich nämlich hinter dem Begriff lediglich, dass Mütter die Schwestern darum bitten können, ihnen ihr Baby zu bringen. Von einem wirklichen Rooming-in kann da wahrlich nicht die Rede sein!

Auf der anderen Seite wird des Guten manchmal zu viel getan, besonders still- und baby-freundliche Kliniken haben das Säuglingszimmer gänzlich abgeschafft. Mit dem Ergebnis, dass erschöpfte Mütter, die dringend einige ruhige Stunden benötigen, ihr Baby kaum einmal jemandem überlassen können. Zum Glück sind die Schwestern aber meist kreativ genug, hier Auswege zu finden.

Das Wochenbett in traditionalen Kulturen – eine intensive, geschützte Kennenlernzeit von Mutter und Kind

Die Mutter ist zunächst nach der Geburt von allen ihren sonstigen Verpflichtungen befreit. Sie ist beständig mit ihrem Neugeborenen zusammen und wird vor den Anforderungen der Umwelt weitgehend abgeschirmt. Beide werden von Verwandten und Mitgliedern besonders verbundener Familien ver- und umsorgt. Diese Zeit ist oft mit besonderen Tabus belegt und von Riten begleitet, es werden besonders zubereitete Speisen gereicht – all dies soll Kind und Mutter schützen. In manchen Kulturen sind die Tage oder Wochen, in denen Mutter und Kind derart separiert werden, exakt festgelegt, in anderen wiederum kann die Mutter selbst entscheiden, wann sie den geschützten Rahmen verlassen möchte. Nach dieser besonders behüteten und umsorgten Phase kehrt die Mutter wieder in ihr bisheriges Normalleben zurück. [10]

Das Wochenbett ist hier eine Zeit, in der sich die Mutter ganz auf ihr Kind konzentrieren kann, sich beide kennenlernen und aufeinander einstellen können – optimal für den Start der Bindungsbeziehung auf Seiten der Mutter.

Und wiederum gilt: Eine gute Vorbereitung auf das große Ereignis ist wichtig, um das bestmögliche Ambiente zu finden. Entscheidet man sich für eine Geburt im Krankenhaus, sollten die Umstände auch auf der Wöchnerinnenstation »auf Herz und Nieren« geprüft werden, schließlich geht es hier um den gelungenen Start ins Leben eines kleinen, werdenden Wesens. Und falls es keine Alternative zu einer bindungs-unfreundlichen Klinik gibt, ist die *ambulante Geburt* vielleicht ein Kompromiss zwischen der Sicherheit gebenden fachmedizinisch-technischen Versorgung während der Entbindung und dem »Rooming-in am heimischen Herd«.

Teamarbeit Bindung

Noch einen Schritt weiter: »Bedding-in« – man kann ja mal träumen

Wenn schon das wirkliche Rooming-in nach wie vor nicht gang und gäbe ist, so ist es keineswegs verwunderlich, dass das sogenannte »Bedding-in«, bei dem Mutter und Kind auf der Wöchnerinnenstation zusammen in einem Bett schlafen, die absolute Ausnahme darstellt. Wobei die Tatsache nicht bestritten werden darf, dass viele Mütter auf dieses Angebot keineswegs Wert legen. Dennoch ist das »co-sleeping« insbesondere in den ersten Lebensmonaten für beide Seiten durchaus vorteilhaft. Mütter können ihr Baby stillen, ohne völlig wach werden und es aus seinem Bettchen holen zu müssen, um es in die richtige Stillposition zu bringen. Manchmal »bedient« sich das Kleine auch selbst, sobald es körperlich etwas weiter entwickelt ist, ohne dass die Mutter dies wirklich merkt und völlig aufwacht. Auch die Angleichung des Schlaf-Wach-Rhythmus' zwischen Mutter und Kind wird erleichtert und das Risiko des plötzlichen Kindstods wird vermindert – darauf wurde bereits hingewiesen (siehe auch S. 51).

> **Schwangerschaftsängste treten insbesondere dann auf, wenn eine Frau sich einflusslos erlebt und der Geburt und Mutterrolle nicht mit Selbstvertrauen in die eigenen Fähigkeiten entgegensieht. Da in unserer modernen Welt ein Umfeld vorherrscht, das einer selbstbewussten Mutterschaft entgegenwirkt, ist es umso wichtiger, dass das gesamte soziale Umfeld die werdende Mutter stützt, ohne ihr gleichzeitig Kompetenzen zu entziehen. Die richtige Vorbereitung auf das Ereignis, die richtige Wahl des Ambientes während und nach der Geburt sind umso drängender, als direkt danach die Bindungsbeziehung auf Seiten der Mutter auch ein geeignetes Umfeld und stützende Bedingungen benötigt.**

8 Das Doula-Konzept –
mehr als eine Unterstützung für die Mutter

In traditionalen Kulturen ist eine Frau während der Schwangerschaft, der Geburt und der Zeit danach stets von erfahrenen Müttern umgeben, die ihr mit Rat und Tat zur Seite stehen. Auch in unserem Kulturkreis wünschen sich werdende Mütter eine kontinuierliche Begleitung und eine stärkere Unterstützung durch ihre Umgebung. Diesem Bedürfnis kommt das sogenannte *Doula-Konzept* entgegen, das in einigen Ländern (z.B. Österreich, Schweiz, Niederlande, Luxemburg) bereits als Beruf umgesetzt wird. Der Begriff »Doula« stammt übrigens aus dem Griechischen und bedeutet »Dienerin der Frau«.

Auch in Deutschland übernehmen manche Hebammen den gesamten Aufgabenkomplex, ohne sich gleich Doula zu nennen. Das heißt, der Mutter steht bereits vor der Geburt des Kindes jemand als Ansprechpartnerin für all die Fragen zur Verfügung, die wir in unserer Kultur eben nicht mehr an erfahrene Verwandte und Bekannte stellen können. Eine Person, die als Vertraute zur Geburt hinführt und das Gefühl vermittelt, dass eine Frau von Natur aus eigentlich für Schwangerschaft, Geburt und Mutterschaft gut gerüstet ist; die sich während der Geburt auf das Wohlbefinden der Mutter konzentriert und sie ganz persönlich unterstützt; die den jungen Eltern auch in den nächsten Wochen verständnisvoll und helfend zur Seite steht, wenn sie sich – vor allem aber die Mutter – mangels eigener Vorerfahrungen verunsichert fühlen. Natürlich kann diese »Position« auch von einer Freundin oder einer anderen nichtprofessionellen, nahe stehenden Bekannten übernommen werden, die durch ihre eigenen Erfahrungen und ihre Persönlichkeit geeignet ist.

Eine Doula zur Seite zu haben, schlägt sich in Bereichen nieder, die wichtig für die gefühlsmäßige Bindung zwischen Mutter und Kind ist. Die so begleiteten Mütter gingen ruhiger, kompetenter und feinfühliger mit ihren Säuglingen um. Im Gegensatz dazu kann die Bindungsbeziehung oft nicht richtig »starten«, wenn sich die Mutter verunsichert fragt, ob mit ihrem Baby »alles in Ordnung ist«. Eine Doula berichtete, dass sie allein durch das Herausstreichen der Fähigkeiten des Neugeborenen, seiner individuellen Eigenschaften und Besonderheiten erreichen konnte, dass sich das mütterliche Betreuungsverhalten und deren Zuneigung spontan verbesserte.[1] Wie wichtig eine vertrauensvolle Begleitung und Unterstützung ist, zeigen die Fakten aus verschiedenen wissenschaftlichen Studien[2]:

- Reduktion der Kaiserschnitt-Rate um 50 %
- Reduktion der Zangengeburten um 40 %
- Reduktion der Verabreichung von Schmerzmitteln um 30 %
- Reduktion der Nachfrage nach einer Anästhesie um 60 %
- Reduktion der Geburtsdauer um 25 %
- Reduktion von Oxytozin um 40 %, da der Körper das wehenfördernde Hormon selbst stärker bildet, da die Kreißende entspannter ist

Um es noch einmal zusammenzufassen: Eine positiv gestaltete Geburtssituation, eine Wochenbettzeit, in der sich eine Mutter rundum versorgt und wohlfühlt, fördert eine gelungene Eltern-Kind-Bindung, da die elterlichen Fähigkeiten unter diesen Bedingungen eher zum Ausdruck kommen können als in einer von Stress, Unruhe, Unsicherheit oder Angst gekennzeichneten Situation.

Das Doula-Konzept ist eigentlich das Pendant unserer modernen Welt zu der in traditionalen Kulturen üblichen Rundum-Versorgung und Unterstützung der Gebärenden bzw. Wöchnerin durch vertraute, erfahrene Frauen. Die fehlenden Erfahrungen der Erstgebärenden in unserem Kulturkreis machen eine zusätzliche Ausdehnung auf die vorgeburtliche Zeit erforderlich.

Wunschbild und Wirklichkeit

Wenn die Familie
von der Realität eingeholt wird

Haben Sie schon mal ein total verdrecktes Baby in der Werbung gesehen? Und wenn dann wirklich mal Flecken auf dem Lätzchen sind, sind sie malerisch platziert, und nur ein Schwenk durchs Wasser genügt, und schon ist alles wieder rein. Die Kleinen strahlen immerzu, die Windeln sind blütenweiß, die Zimmer lichtdurchflutet und scheinbar wohnen junge Eltern immer im Grünen. – Keine Spur also von den zahnenden Schreihälsen, von überquellenden Windeln, dunklen Ringen um elterliche Augen – die Realität sieht nun einmal weniger werbewirksam aus.

Kinder sind eine Herausforderung, selbst bei einem glücklichen Start in die Dreierbeziehung. Die Wirklichkeit kann jedoch mehr als ernüchternd sein. Und da wird es für manche Eltern schwer, von Anfang an eine gute Bindung zu ihrem Baby aufzubauen. Eltern von Frühchen zum Beispiel haben durch die zwangsläufigen Trennungsphasen in der Klinik oft kaum eine Chance, eine emotionale Beziehung einzugehen. Auch exzessives Schreien oder eine Behinderung kann eine gute Bindung gefährden.

Wissenschaftliche Erkenntnisse darüber, was eine Bindung fördern kann und was möglichst zu vermeiden ist, gibt es zahlreiche. Aber Eltern brauchen in ihrer jeweiligen Situation vor allem auch praktische Hilfe – und diese bieten unter anderem erfreulicherweise verschiedene Elterninitiativen. Sie unterstützen in Not geratene »Frühcheneltern«, belastete »Schrei-Mütter« oder Eltern, die in medizinische Therapien ihrer Kinder eingespannt sind; Eltern also, die kaum Kapazitäten frei haben, um sich explizit über das Bindungsgeschehen Gedanken zu machen – sie finden hier adäquate Ansprechpartner für aktuelle Nöte.

Auch das Internet ist ein unerschöpflicher Fundus an Informationen, selbst wenn ab und an hinsichtlich deren Seriosität Vorsicht angebracht ist – aber als Adressenpool ist es umwerfend.

Bleiben Sie zuversichtlich: Kinder zeichnen sich glücklicherweise durch eine manchmal erstaunliche Plastizität aus, zumindest in einem bestimmten Rahmen; so hat das Elternglück und somit auch die Entwicklung der Bindungsbeziehung der Kinder eine gute Chance, selbst wenn die Anfangszeiten belastet waren.

9 Ein gesundes Kind = eine überglückliche Mutter? – Wunschbild und Wirklichkeit

»Es ist endlich da!!!« Gratulation von allen Seiten. Das kleine Babybettchen wird von den strahlenden Großeltern geradezu belagert und Blumensträuße füllen das Zimmer der glücklichen Mutter. Geschwister, Freunde und Kollegen, alle wollen sie ihre Glückwünsche für das süße Kleine loswerden und den neuen Erdenbürger begrüßen und schauen schnell mal in der Klinik vorbei. »Wie hübsch – und gesund. Da musst du ja überglücklich sein!« – Das Lächeln der Mutter wirkt aber eher etwas gequält, von euphorischem Glück kann kaum die Rede sein.

»Warum bin ich nicht so glücklich, wie alle erwarten? Bin ich eine schlechte Mutter?« Auf jeden Fall erst einmal: Nein! Sie sollten sich bewusst machen: Eine Geburt ist ein vom mütterlichen und kindlichen Körper zu erbringender enormer Kraftakt, ein physiologisches Wunder des perfekten Zusammenspiels nahezu aller menschlichen Organe in zwei eigenständigen Körpern. Die Frage sollte deshalb besser lauten: »Was kann ich tun, damit ich mich besser fühle?«. – Dann nämlich tun Sie auch etwas für Ihr Baby. Ganz praktisch und konkret heißt das beispielsweise: Falls Ihnen der Rummel um Ihr Bett nicht behagt, hängen Sie ein Schild an die Tür: »Sind nicht erreichbar! Und wenn ihr *uns* etwas Gutes tun wollt, dann schickt *mir* ein Piccolofläschchen Sekt vorbei!« Es dürfen auch Pralinen oder Kaviar sein – ganz nach Ihren Gelüsten – alle Stimmungsheber sind recht. Aber vielleicht sollten Sie bereits im Voraus festlegen, dass Sie mitteilen werden, wann *Sie* für Besuche bereit sind. Und Ihr Partner sollte dafür Sorge tragen, dass dies auch umgesetzt wird. Auch Großeltern können um Verständnis gebeten werden und ein paar Tage warten, selbst wenn sie zunächst etwas »verschnupft« reagieren werden. Die Hauptpersonen sind nämlich Sie und Ihr Baby.

Die Erwartungshaltung des Umfeldes, eine überglückliche Mutter sein zu müssen, da die Geburt mit einem gesunden, hübschen Baby gekrönt wurde, bekümmert manchmal mehr, als dass es Stolz aufkommen lässt; insbesondere, wenn sich das »Mutterglück« nicht sofort einstellt. Und genauso wenig, wie nicht alle Frauen direkt nach der Geburt in einer freudigen oder gar euphorischen Stimmung sind, genauso wenig sind alle Wöchnerinnen zufrieden und glücklich. Das bedeutet jedoch keineswegs, dass sie schlechte Mütter sind bzw. sein werden. Je nach Untersuchung leiden 50 bis 70 % der Wöchnerinnen in den ersten Tagen nach der Entbindung unter einer mehr oder weniger starken Verstimmung. Manche Untersuchungen verweisen darauf, dass diese psychischen Schwankungen bei ambulanten Entbindungen und Hausgeburten bedeutend seltener auftreten.[1]

Die hormonellen Umstellungen der Mutter scheinen demnach nicht, wie häufig angenommen, für die »Heultage« verantwortlich zu sein, sondern das soziale Umfeld spielt dabei eine gewichtige Rolle. Mütter empfinden es als belastend, wenn ihnen durch die Krankenhausroutine ein ungewohnter Tagesrhythmus aufgezwungen wird, ihnen ihre Kinder zu »Unzeiten weggenommen« werden, durch Mehrbettzimmer ein ständiges Kommen und Gehen herrscht, insgesamt also ihre eigenen Empfindungen und momentanen Bedürfnisse wenig Berücksichtigung finden. Auch die ausgeprägteren Wochenbettdepressionen scheinen mit dem Ausmaß der Unterstützung durch den Partner und das soziale Umfeld zusammenzuhängen, aber ebenso mit negativen Erlebnissen während der Schwangerschaft und der Wochenbettzeit selbst.[2]

Wunschbild und Wirklichkeit

Heultage oder Baby Blues

Heultage, »post partum blues« oder auch »maternity blues« sind eine psychische Verstimmung in der Wochenbettzeit, die innerhalb der ersten Tage nach der Geburt beginnt. Sie ist begleitet von Weinen, Traurigkeit, dem Gefühl der Hilflosigkeit, ständigem Grübeln, Lustlosigkeit, Ängstlichkeit, Affektlabilität, Irritabilität, Appetit- und Schlaflosigkeit, Kopfschmerzen.

Als Ursachen werden zwar häufig hormonelle Umstellungen angeführt, dem widerspricht jedoch, dass beim zweiten Kind die Heultage seltener auftreten, die hormonelle Situation aber weitgehend dieselbe sein dürfte. Außerdem sind in traditionalen Kulturen diese psychischen Reaktionen nicht bekannt. Man sucht daher heute die Ursachen eher in dem von unserer Kultur geprägten Lebensumfeld der Wöchnerinnen – gekennzeichnet durch Krankenhausroutine, häufige Trennung vom Kind, Hektik, Unsicherheit sowie gravierende Veränderungen hinsichtlich der eigenen neuen Rolle und der zukünftigen Lebenssituation, mangelnde Unterstützung durch den Partner, die Familie oder das soziale Umfeld etc.

Bei **Wochenbettdepressionen** handelt es sich um schwerere und um eine mindestens zwei Wochen andauernde Form psychischer Verstimmung der Mutter nach der Geburt.

Sie sehen also, wie wichtig die Wahl der Klinik, die Entscheidung für eine Haus- oder ambulante Geburt auch in der Zeit nach der Entbindung ist. Für die eine Frau ist ein Krankenhausaufenthalt das Richtige, da sie sich rundum versorgt fühlt und vielleicht von der Betreuung des älteren Geschwisterchens und sonstiger häuslicher Pflichten enthoben ist – natürlich nur bei dem Gefühl, dass zu Hause alles in geordneten Bahnen läuft. Für die andere wird dies durch die Bevormundung durch die Schwestern und die Tagesroutine in der Klinik nicht aufgewogen, sondern bedrückt eher.

In diesem Zusammenhang spielt natürlich auch der Vater eine große Rolle. Fühlt sich seine Partnerin von ihm unterstützt? Kann er sich die Wochen nach der Geburt freinehmen und können sie den Babystart gemeinsam genießen? Ist er genauso eingenommen von dem Nachwuchs wie sie und steigt begeistert in die Vaterschaft ein? Kann er auch kritische Momente während der Geburt gut verarbeiten und fühlt sich hierbei nicht als Statist, belastet oder überfordert?

Der hohe Anteil an Vätern, die während der Entbindung anwesend sind, ist ein relativ neues Phänomen. Aber nicht immer können Väter dies wirklich als positives Ereignis erleben. Die Vorbereitung auf die Geburt beschränkt sich oft auf einen einzigen Abend des Geburtsvorbereitungskurses und kann kaum ausreichend auf das Szenario einer Entbindung vorbereiten. Meist bleibt die Initiative, den Partner mit einzubeziehen, der Frau selbst überlassen. Und es kommt mehr oder weniger auf das persönliche Geschick des Vaters an, einen Platz im Geburtsgeschehen zu finden, damit er sich als aktiver Teilnehmer fühlen und es somit als etwas Positives erleben kann. Das Gefühl, überflüssig und hilflos zu sein, nicht zu wissen, wie man sich einbringen und was man tun kann, ist keine gute Ausgangsposition für ein positives Miterleben der Geburt. Auch wenn es hierzulande heute üblich ist, dass Väter bei der Geburt anwesend sind, so sollte es eine ehrliche und freiwillige Entscheidung *dafür* sein, damit es das Erlebnis wird, das es sein sollte, um den Start in die Vaterschaft gut einzuleiten.

Deshalb einmal ein Wort direkt an die Väter: Auch wenn Sie meinen, Ihrer Frau zuliebe, aber entgegen Ihren eigenen Gefühlen, an der Entbindung teilnehmen zu müssen – Sie tun weder sich selbst, Ihrer Partnerin noch Ihrem Kind einen Ge-

Wunschbild und Wirklichkeit

fallen. Wenn Sie die Geburt negativ erleben, wird sich dies kaum positiv auf Ihre väterlichen Gefühle und die Beziehung zu Ihrem Kind auswirken. Ergründen Sie deshalb gemeinsam mit Ihrer Partnerin, ob Sie bei der Entbindung dabei sein möchten. Vergegenwärtigen Sie sich den Geburtsvorgang, informieren Sie sich, sprechen Sie mit Freunden und Bekannten, die in der gleichen Situation waren. Wenn Sie sich dann wirklich nicht für eine Teilnahme entscheiden können, erklären Sie Ihrer Partnerin offen und ehrlich – auch wenn sie sicherlich zunächst sehr enttäuscht reagieren wird –, dass Sie glauben, eher ein aktiver und freudiger Vater werden zu können, wenn Sie nach der Geburt unbeschwert Zugang zu Ihrem Baby haben werden. Ist dies geklärt, unterstützen Sie Ihre Partnerin nun in allen Belangen vor der Geburt: Suchen Sie gemeinsam mit ihr eine Doula, diskutieren Sie mit ihr über die geeignetste Klinik, sprechen Sie genauso mit dem Arzt, der Hebamme etc. – und beginnen Sie sofort nach der Geburt begeistert mit dem Vatersein, damit auch der letzte Zweifel an Ihrer positiven Einstellung zu Ihrer Vaterschaft beseitigt ist.

> Die Erwartungshaltung der Umwelt ist für Mütter in der von Emotionen stark geprägten Zeit nach der Geburt oft eine zusätzliche Belastung. Die starken Stimmungsschwankungen werden durch das Gefühl gefördert, nicht hinreichend durch die Familie unterstützt zu sein, durch störende Klinikroutine, durch zu viel Unruhe aufgrund häufiger Besuche usw. Die sogenannten »Heultage« sind in traditionalen Kulturen nicht bekannt. Dies lässt vermuten, dass die Hintergründe hierfür bei uns im weniger geeigneten sozialen Umfeld während der Wochenbettzeit zu suchen sind.

10 Immer am Ball –
der 24-Stunden-rund-um-die-Uhr-Einsatz der »modernen Mutter«

Die Geburt eines Kindes verändert die Lebenssituation eines Paares in unserer Kultur grundlegend, nicht selten in kritischer Weise. Nicht nur, dass ein kleines Bündel mit seinen Bedürfnissen den gesamten Tages- und leider auch Nachtablauf durcheinanderbringt. Es benötigt Platz, am Anfang zwar etwas weniger, aber die meisten Eltern richten bereits vor der Geburt ein eigenes Zimmer für den Nachwuchs ein. Es benötigt Zeit, seine Bedürfnisse können kaum hinausgeschoben werden. Es benötigt Zuwendung, eines seiner Grundbedürfnisse ist nun einmal körperliche Nähe, und in der Face-to-face-Interaktion lernt es fürs Leben. Und von der finanziellen Seite dieser veränderten Lebenssituation brauchen wir hier wohl kaum zu reden.

So einschneidend die finanziellen und räumlichen Veränderungen jedoch auch sein mögen, hierauf ist man am ehesten gefasst. Als kritischer Faktor stellt sich dagegen häufig unverhofft die zur Realität gewordene neue Lebenssituation für die Hauptbetreuungsperson, also zumeist der Mutter, heraus. Sie übernimmt zunächst nach wie vor überwiegend die Betreuungsaufgaben, allein schon aufgrund des glücklicherweise zunehmenden Wunsches, ein Baby zumindest in den ersten Monaten stillen zu wollen. Entlassen aus der Klinik, wo zumindest erfahrene Schwestern Hilfestellung boten, ist sie zwar endlich zu Hause in der vertrauten Umgebung, doch nun oft ganz allein für die Versorgung des Babys verantwortlich – fast 24 Stunden am Tag. Wie sich aus den verschiedensten Umfragen ergab, erlaubt das berufliche Engagement den Vätern kaum, aus finanziellen Erwägungen und/oder Karrieregründen, sich weitreichender mit um das Baby zu kümmern. Sie bekommen es in der Regel eine Stunde, gegebenenfalls zweieinhalb Stunden täglich kurz vor seinem Nachtschlaf zu Gesicht.[1] Folglich wünschen sich die meisten Frauen eine stärkere Beteiligung des Partners an der Betreuung ihres Babys.

Väter mag das vielleicht irritieren. Der Haushalt wurde früher am Abend und am Wochenende erledigt. »Und nun den ganzen Tag daheim – nur das bisschen Haushalt und das Baby.« Um die oft unterschätzte Problematik zu verdeutlichen, soll uns hier wieder einmal ein Blick in die Gegebenheiten bei traditionalen Kulturen helfen (siehe S. 116).

In unserem Kulturkreis sieht die Situation völlig anders aus. Die erste Zeit nach der Geburt nehmen sich zwar ein Teil der Väter frei, um ihr Neugeborenes miterleben zu können, doch meist sind es nur wenige Tage. Und nur wenige bleiben länger als zwei Wochen zu Hause. Danach nehmen sie ihren normalen Arbeitsalltag wie bisher wieder auf, das heißt, sie kommen erst gegen 17 oder 18 Uhr nach Hause. Die Umsorgung eines Kindes fällt mehr oder weniger früh ausschließlich der Mutter zu, denn die Großfamilienstrukturen haben sich bei uns weitgehend aufgelöst, die einzelnen Familienmitglieder leben weit verstreut. Nur kurzfristig, und auch nicht immer, stehen Großmütter helfend zur Seite, da sie nicht selten noch selbst aktiv im Berufsleben stehen. Nach wie vor ist in unserem Kulturkreis die »24-Stunden-rund-um-die-Uhr-Mutter« keine Seltenheit.

Diese Situation ist beim ersten Kind häufig an eine immer stärkere Ausgrenzung aus dem bisherigen Freundeskreis gekoppelt, denn das Zeitbudget von Eltern mit Kind und von Berufstätigen divergiert grundlegend. Anfängliche Besuche, in

»Vereinbarkeit von Beruf und Familie«, eine Forderung in der modernen Gesellschaft – in traditionalen Kulturen selbstverständlich

Wie schon erwähnt, sind bereits Erstgebärende in traditionalen Kulturen mit der Geburtssituation vertraut und konnten bis dahin hinreichend Erfahrungen im Umgang mit Säuglingen und in der Kinderpflege sammeln. Sie können sich in der Wochenbettzeit ganz auf ihr Baby konzentrieren, denn Großmütter, Geschwister und andere Verwandte übernehmen einen Großteil der Alltagsaufgaben. Väter sind zwar in den meisten traditionalen Kulturen nicht bei der Geburt anwesend, engagieren sich jedoch danach verstärkt bei der Versorgung von Mutter und Kind.

Nach der ersten, besonders geschützten Zeit kehrt die Mutter mit ihrem Säugling in ihren bisherigen Aufgabenbereich zurück, unterstützt von verschiedenster Seite. Zirka 60 % des Tages (einschließlich der Schlafenszeit) verbringt ein Säugling im engen Kontakt mit der Mutter, die restliche Zeit bei anderen vertrauten Menschen; andere Untersuchungen sprechen von 50 % der Wachzeit des Kindes.[2] Diese Form der Fürsorge durch mehrere Personen wird auch »allo-mothering« genannt. Wird der Säugling in den Armen der »Babysitter« unruhig, wird er hungrig oder beginnt aus anderen Gründen zu weinen und kann nicht gleich beruhigt werden, wird er sofort zur Mutter zurückgebracht. Auch mit einem kleinen Kind wird in traditionalen Kulturen eine Mutter mit den Betreuungsaufgaben also nicht alleine gelassen.[3]

der Klinik eher eine Belastung für die Mutter, werden – da die Bereitschaft des Nicht-Kind-habenden-Freundeskreises üblicherweise schnell nachlässt, sich an dem kindlichen Tagesrhythmus zu orientieren – gerade dann immer seltener, wenn sie soziale Kontakte bräuchte, und das zusätzlich zu dem Verlust der gesellschaftlichen Anerkennung, die bisher auf der beruflichen Tätigkeit beruhte.

Um den tiefen Einschnitt in das Selbstverständnis einer jungen Mutter noch einmal zu verdeutlichen: Mit dem Beruf wird für längere Zeit, nicht selten für mehrere Jahre, ein bedeutender Teil der persönlichen Identität und eine der wichtigsten Quellen der persönlichen Bestätigung aufgegeben, ebenso die finanzielle Eigenständigkeit. Das neue Tätigkeitsfeld besteht oft ausschließlich aus der Kinderbetreuung und -erziehung, was üblicherweise an eine gänzliche Übernahme der Hausarbeiten gekoppelt ist – beides sind gesellschaftlich wenig anerkannte Refugien und sie bedeuten eine Rückkehr zur konventionellen Arbeitsaufteilung innerhalb einer Familie.

Die Formulierung »Ich bin nur Hausfrau« signalisiert die gesellschaftlich wenig akzeptierte Stellung einer Person, die sich in den »Privatbereich« zurückzieht, das heißt nicht mehr »arbeiten geht« und »Geld verdient«. Es ist nicht überraschend, dass bei Langzeitarbeitslosen ähnliche Probleme zu beobachten sind wie bei »Nur-Müttern«: soziale Desintegration, persönliche Verunsicherung, das Empfinden – trotz allgemein anderer Lippenbekenntnisse –, gesellschaftlich nicht wirklich anerkannt zu sein.

In traditionalen Kulturen hingegen steigt ein Paar sofort in der Anerkennung der Stammesgruppe, sobald sich abzeichnet, dass sie Eltern werden. Sicherlich zollt man in unserem Kulturkreis einem Paar ebenfalls besondere Aufmerksamkeit, wenn sich Nachwuchs ankündigt. Und auch nach der Geburt sind dem frischgebackenen Elternpaar Anerkennung und erhöhte Aufmerksamkeit sowie dem Nachwuchs entsprechende Bewunderung sicher. Hiermit hören aber die Ähnlichkeiten schon weitgehend auf. Isoliert und wenig anerkannt, oftmals allein zu Hause zuständig für die Bedürfnisse des Kindes und ohne soziale Unterstützung, ausgegrenzt aus dem gesellschaftlichen Leben – das ist der Negativ-Abzug zum Bild der Mutter bzw. der Eltern in traditionalen Kulturen, die dort bereits durch die Tatsache, nun Mutter bzw. Vater zu sein, im Ansehen steigen. Kinder und Hauptbetreuungsperson sind in das allgemeine Leben integriert, Arbeits- und Familienwelt sind nicht getrennt, für eine einen Säugling versorgende Mutter ändert sich der bisherige Arbeitsalltag kaum und sie geht ihren bisherigen »Berufsanforderungen« nach. Sie verliert nicht ihre soziale Einbettung, sondern nimmt unverändert am allgemeinen gesellschaftlichen und sozialen Leben teil, unterstützt von der Gemeinschaft.

In letzter Zeit rücken die Familie, die Bedeutung von Kindern und die Notwendigkeit, Mütter bei ihren Erziehungsaufgaben zu unterstützen, vehement ins öffentliche Licht. Die eigentlich nicht neuen Diskussionen, die verstärkt die Vereinbarkeit von Beruf und Familie fordern und eine außerfamiliäre Betreuung fördern, unterstützen paradoxerweise den Trend, Mütter ins gesellschaftliche Abseits zu drängen – jedenfalls dann, wenn sie die Betreuung ihrer Kinder nicht aus der Hand geben wollen. Eine Französin bemerkte nach einer Fortbildung, dass sie – obwohl in Frankreich eher das Modell »Vereinbarkeit von Beruf und Familie« verwirklicht wird und Mütter überwiegend berufstätig sind – in Deutschland das erste Mal in ihrem Leben begründen musste, warum sie trotz ihres anspruchsvollen Berufs lieber ihr Kind selbst betreuen wollte, und dass sie hier dies immer wieder verteidigen müsse. Man avanciert wohl in kaum einem anderen Bereich derart rasant von der Rabenmutter zur Superfrau, und das »Heimchen am Herd«, bisher die gesellschaftlich akzeptierte Variante, bekommt nun plötzlich den Touch des Reaktionären.

All das geschieht in einem eigentlich sehr persönlichen Bereich, in dem wohl eher absolute Entscheidungsfreiheit und kreative Unterstützung der gewählten Lebensplanung angesagt

Wunschbild und Wirklichkeit

wäre, um indirekt das schwächste Glied in der Kette – das Kind – optimal zu unterstützen. Und dies ist am ehesten möglich, wenn die Hauptbetreuungspersonen mit der Familienorganisation zufrieden sind, da sie selbstgewählt ist und nicht auf Zwangsläufigkeiten beruht.

Vor diesen widersprüchlichen Hintergründen überrascht es nicht besonders, dass sich berufstätige Mütter mit Säuglingen oder Kleinstkindern wohler und gesünder fühlen – trotz Doppelbelastung – als Mütter, die sich ausschließlich auf die Erziehungsaufgaben konzentrieren. Berufstätigkeit stärkt das Selbstwertgefühl, fördert das Wohlbefinden, was sich auch auf die gesundheitliche Situation der Mütter positiv auswirkt.[5]

Meine Empfehlung für Sie: Da von wirklicher Entscheidungsfreiheit auch heute kaum die Rede sein kann, entschließen Sie sich nach reiflicher Überlegung für eine zu Ihnen am besten passende Familienlösung, fordern Sie selbstverständlich entsprechende Unterstützung von Ihrem Partner ein, aber auch – falls möglich – von den zukünftigen Großeltern und gegebenenfalls von Ihrem Arbeitgeber bzw. Ihren Kollegen. Trainieren Sie Selbstbewusstsein, die Politik liefert Ihnen dafür in jeder Richtung Argumentationshilfe. Und da heute die Erziehungszeit anscheinend unter dem Motto steht »Wie man's macht, macht man's verkehrt«, stehen Sie zu Ihrer Entscheidung. Seien Sie selbstbewusst Rabenmutter oder reaktionär. Wichtig ist, dass Sie in Ihrer Familie genügend Unterstützung erhalten und dass Sie in Ihrem Freundeskreis frühzeitig um Verständnis werben, damit Sie – sobald die Kinderzeit akut wird – dies nicht erst nachholen müssen. Oft fehlt Ihnen nämlich dann die Kraft dazu, da Sie während dieser Zeit – auch wenn Sie es jetzt kaum glauben wollen – so manches Mal an die Obergrenze Ihrer Belastbarkeit geraten werden. In einer solchen Situation bringt schon ein kleiner Tropfen das Fass zum Überlaufen.

Dass dies keineswegs ein abwegiger Gedanke ist, zeigt Ihnen der Slogan einer Beratungsinitiative: »Greif zum Telefon, nicht zum Kind«. Auch wenn ich ununterbrochen in diesem Buch dafür plädiere, ein Baby sofort aufzunehmen, wenn es schreit – in einer aufgebrachten Stimmung, an der Grenze zur Aggression, gehen Sie lieber ins Bad und schließen Sie die Tür. Das ist allemal besser, als in die Versuchung zu kommen, das kleine schreiende Bündel zu schütteln. Greifen Sie dann wirklich zum Telefon der nächsten Beratungsstelle und fordern Sie Unterstützung in Ihrem sozialen Umfeld ein. Wie sollen Sie in einer solchen Situation Ihren »elterlichen Auftrag« erfüllen können, eine gute Bindungsbeziehung aufzubauen, wenn Sie aufgrund Ihrer momentanen Lebenslage nicht mehr fähig sind, zu Ihrer inneren Ruhe zurückzufinden?

Und nochmals: Es ist wichtig, die neue Lebenssituation mit Baby realistisch einzuschätzen und sich frühzeitig auf die Veränderungen einzustellen. Nicht nur ein neuer Freundeskreis ist vielleicht vonnöten, sondern auch neue Interessen, denen mit Baby nachgegangen werden kann, bannen die Gefahr der Alltagsisolation.

> **Der Wechsel von einer anerkannten, beruflich engagierten Frau zur »Nur-Mutter und Hausfrau« ist ein nicht zu unterschätzender Verlust der persönlichen Anerkennung, verbunden mit sozialer Isolation, da der Tagesablauf von den Bedürfnissen des Babys bestimmt wird. Realitätsnahe Vorbereitung auf den veränderten Status ist dringend erforderlich, um trotz der alltäglichen, so manches Mal überfordernden Zwangsläufigkeiten genügend Ruhe zu haben für Auszeiten, die eine intensive Interaktion mit dem Baby erlauben, damit eine gelungene Bindungsbeziehung auch realisiert werden kann.**

Wunschbild und Wirklichkeit

11 Wenn die Betreuung geteilt wird –

familienbezogene und außerfamiliäre Lösungen auf dem Prüfstein

Schon vor der Geburt nimmt ein Kind Umweltreize wahr. Es hört den Herzschlag seiner Mutter, erkennt ihre Stimme nach der Geburt wieder, reagiert auch auf vertraute Musikstücke. Dennoch lässt sich ein Baby ein wenig Zeit, bis es sich auf seine Bezugsperson »festlegt«. Zur Hauptbezugsperson avanciert, wer zuverlässig, prompt und einfühlsam auf seine Bedürfnisse reagiert. Drum herum werden all die anderen Personen drapiert, die ebenfalls regelmäßig als Interaktionspersonen zur Verfügung stehen. Meist hält die Mutter die Top-Position, da sie in den ersten Monaten doch die Hauptversorgung übernimmt. Sie ist diejenige, die es am besten beruhigen kann, bei der es am ehesten in den Schlaf findet, bei der es am meisten Sicherheit tanken kann. Doch der Begriff der ausschließlichen »*Mutter*-Kind-Bindung« ist nicht zu unrecht passé: Auch Väter oder Großeltern können die Hauptbezugsperson sein, wenn sie vorwiegend die Betreuung übernehmen und liebevoll auf das Kind eingehen, sodass der Wechsel zur *Eltern*-Kind-Bindung absolute Berechtigung hat. Übernehmen Adoptiveltern die entsprechenden Betreuungsaufgaben, je früher nach der Geburt, umso besser, werden auch sie der sichere Rückhalt eines Babys sein (siehe auch S. 60). Nicht die leibliche, sondern die faktische Elternschaft lässt Menschen für ein Baby zu Bezugspersonen werden.[1]

Wer faktisch zu Eltern für ein Baby wird, hat eine besondere Stellung im Leben eines Kindes. Zwar lächelt ein Baby in den ersten Lebensmonaten zunächst jeden an, ausgenommen etwas an der Person irritiert oder erschreckt gar, dennoch unterscheidet es schnell zwischen unbekannten und vertrauten Personen. Nach einem halben Jahr tut es meist eindeutig kund, dass es sich in Anwesenheit fremder Personen unwohl fühlt oder gar ängstigt (siehe auch S. 80).

Ab etwa vier bis sechs Monaten – sobald ein Kind eine individuelle Beziehung zu seinen Eltern aufgebaut hat – wird es folglich bei einer Trennung Sehnsucht nach ihnen empfinden und bei längerer Abwesenheit darunter leiden. Natürlich ist es besonders belastend für ein Baby, wenn die Hauptbetreuungsperson unverhofft und längerfristig nicht mehr zur Verfügung steht. Körperliche Reaktionen und Stressanzeichen wie allgemeine Unruhe, Essensverweigerung, Schlafstörungen oder vermehrt Erkrankungen wahrscheinlich aufgrund geschwächter Immunabwehr sind die äußeren Zeichen hierfür.[2] Zwingen die Umstände dazu, dass die Hauptbezugsperson für eine längere Zeit die Betreuung nicht mehr übernehmen kann, muss dies sorgfältig vorbereitet sein, um die Verlustempfindung mit seinen physiologischen Begleiterscheinungen zu vermeiden. Ideal ist es natürlich, wenn die Versorgung von einer bereits »etablierten« Bindungsperson im vertrauten Rahmen übernommen wird, wenn beispielsweise nach und nach die bisherigen Aufgabenbereiche an den Vater oder einen bereits bekannten Großelternteil abgetreten werden. Je behutsamer dieser Übergang eingeleitet wird, umso weniger irritiert es ein Baby, schließlich hat es schon früh eine Erwartungshaltung an seine Umwelt. Und ein erstes inneres »Arbeitsmodell« (siehe S. 80 f.) über seine Hauptbetreuungspersonen entwickelt es bereits im Verlauf seines zweiten Lebenshalbjahres.

Betreuung außerhalb der Familie –
ein Streitthema seit Jahren

Ein Bindungspartner für ein Baby wird man durch Zeit und Zuneigung. Eine Bindung kann man nicht einfach beenden, aber auch nicht von heute auf morgen aufbauen. Wenn die soeben beschriebene »Ideallösung« schon einer Vorbereitung bedarf, so gilt dies erst recht, wenn die Betreuung von jemandem bisher Unbekannten übernommen wird. Gleich welchen Alters – ein Kind muss Zeit haben, um sich an die künftig die Versorgung übernehmende Person nicht nur zu gewöhnen, sondern sich auch binden zu können. Schließlich muss diese Person all die Bereiche übernehmen, die die Eltern bisher vertreten haben. Sie ist nicht nur erwachsener Spielpartner, sondern soll und muss auch Sicherheitshafen sein. Das gilt keineswegs nur für das erste Lebensjahr. Auch die nächsten beiden Jahre sind Kinder auf die Anwesenheit einer ihrer Bindungspersonen angewiesen und weitgehend erwachsenenzentriert.

Selbst wenn ein Kind »nur« Teile des Tages – für ein Baby sind vier Stunden eine ganz andere Zeiteinheit als für uns Erwachsene – nicht von seinen primären Bindungspersonen versorgt wird, ist eine allmähliche Eingewöhnung an die veränderte Situation nötig, um keine Irritation, gefährdende Belastung und tagtäglichen Stress aufkommen zu lassen. Eine außerfamiliäre Betreuung – wenn man vom Babysitten absieht – ist zumeist ja auch mit einem Ortswechsel verbunden, das heißt, nicht nur die vertrauten Personen, sondern auch die vertraute Umwelt wird verlassen. Dass eine Trennung nicht nur ertragen und irgendwie überstanden, sondern auch positiv erlebt wird, erfordert genau *so viel Zeit*, wie ein *Baby* benötigt, eine vertrauensvolle Beziehung zu seiner Tagesmutter oder Erzieherin aufzubauen.

Es lassen sich somit keine genauen Vorhersagen darüber machen, wie lange es dauern wird, bis es sich an den veränderten Tagesablauf gewöhnt hat. Hier spielen Faktoren wie kindliches Temperament, momentane emotionale Verfassung, Alter des Kindes und die Übereinstimmung zwischen der neuen Betreuungsperson und dem Baby eine Rolle sowie Reaktionen der Eltern selbst. Mütter, die mit schlechtem Gewissen, Anspannung und Zeitdruck ihre Kinder zur Tagesmutter bringen, vermitteln natürlich auch diese innere Verfassung ihren Kleinen. Zeit braucht also nicht nur das Baby, sondern auch die Mutter, um sich nicht selbst unter Druck zu setzen und somit durch ihr eigenes Unbehagen die Situation noch schwieriger zu gestalten.

Wenn Sie wissen, dass Ihr Baby in Ihrer Abwesenheit gut versorgt ist und es die Tagesmutter als weitere Bezugsperson angenommen hat, wissen Sie auch, dass die Stunden ohne Sie nicht nur überbrückt werden oder von kindlichem Kummer geprägt sind, sondern dass Ihr Kind weitere altersadäquate Erfahrungen machen und seinen sozialen Handlungsrahmen erweitern kann. Insbesondere wenn eine Mutter ihr Kind alleine erzieht und keine weitere Bezugsperson zur Verfügung steht, ist eine zusätzliche Bindungsperson bei einer guten Übereinstimmung der Temperamente – sowohl zwischen den Erwachsenen als auch zwischen Kind und Tagesmutter – eine Möglichkeit, zusätzliche soziale Erfahrungen zu sammeln. Natürlich müssen Sie gleichzeitig bereit sein, Ihre Exklusivität als einzige Bezugsperson aufzugeben. Sie treten nicht nur Betreuungszeit ab, sondern Sie teilen auch die Zuneigung und Erziehungsaufgaben. Je besser Sie sich mit der neuen Betreuerin abgestimmt haben, umso beruhigter werden Sie Ihr Kind für einige Stunden abgeben können und umso besser werden Sie selbst mit der Situation zurechtkommen, dass die Betreuung, Erziehung *und* Zuneigung geteilt wird.

Aber eigentlich ist dies keine ganz korrekte Formulierung. Denn Ihr Kind teilt nicht seine Zuneigung auf, sondern es hat zusätzlich eine Beziehung zu einem weiteren Menschen aufgebaut, dem es sich emotional zuwendet, der ihm Schutz und Si-

Wunschbild und Wirklichkeit

cherheit bietet. Sie sollten es also nicht als Verlust empfinden, wenn Sie Ihr Kind nach der Arbeit abholen wollen und es nicht sofort erfreut auf Sie zustürzt, sondern dies als Zeichen werten, dass es Ihrem Kind in der Zweitbetreuung gut geht. Wenn es sich vielleicht vier oder fünf Stunden bei seiner Tagesmutter zufrieden- und wohlfühlen soll, können Sie nicht erwarten, dass es sofort, wenn Sie den Raum betreten, seine Empfindungen für die Tagesmutter abschaltet und nur noch Sie im Zentrum seiner kleinen Welt stehen. Auch der Wechsel von einer Lebenswelt in die andere benötigt ein Weilchen. Sie müssen also nicht nur Zeit und Feinfühligkeit für den Übergang am Morgen einplanen, sondern auch, wenn Sie Ihr Kind abholen. Wichtig ist nicht allein, dass für Ihr Baby das richtige zeitliche Maß für die außerhäusliche Betreuung gefunden wird, sondern dass Sie den restlichen Tag intensiv zusammen mit Ihrem Baby verbringen und Sie und Ihr Baby emotional auftanken – dann ist die außerfamiliäre Betreuung normalerweise keine Belastung.

Zu Eltern, die sich von Anfang an beide intensiv um ihr Baby kümmerten, entwickelt ein Kind immer eine besondere emotionale Beziehung. Doch wie gesagt: Es kann auch zu einigen wenigen weiteren Personen eine Bindung aufbauen, deren Qualität auf deren Feinfühligkeit und Antwortbereitschaft beruht. Jede Bindungsbeziehung muss »erarbeitet« werden. Eine sichere Bindung zur Mutter sagt nichts über die Beziehung zum Vater aus und umgekehrt – übrigens auch nicht über die Beziehung der Eltern zu einem Geschwisterchen, denn Eltern gehen nicht unbedingt gleich feinfühlig mit ihren Kindern um.

Eine gute Fremdbetreuungssituation wird durch persönliche Eigenschaften der Tagesmutter oder Erzieherin charakterisiert, aber auch dadurch, wie viele weitere Kinder gleichzeitig versorgt werden und ihre Aufmerksamkeit und Fürsorge beanspruchen. Im ersten Jahr sind Babys ganz auf die Betreuung durch einen Erwachsenen angewiesen. Auch im zweiten Lebensjahr spielen gleichaltrige Kinder nur im Minutenbereich miteinander, ansonsten ist es eher ein Nebeneinander-Spielen, da sie nach wie vor erwachsenenzentriert sind (siehe auch S. 80 f.). Eine Betreuerin sollte sich also nicht um zu viele Kinder kümmern müssen, damit sie auf die Bedürfnisse jedes einzelnen Kindes adäquat reagieren kann. Eine gute Krippe ist durch einen Erwachsenen-Kind-Schlüssel von 1 zu maximal 6 Kindern gekennzeichnet, wobei hier die Altersstruktur der Kinder in der Gruppe eine Rolle spielt. Kinder gleichen Alters benötigen ähnlich viel Zuwendung vom Erwachsenen, während Kinder in einer altersabgestuften Gruppe dagegen unterschiedlichen und unterschiedlich viel Zuspruch und Betreuung durch den Erwachsenen benötigen. Eine gemischte Gruppe erinnert eher an eine Familiensituation, in der ältere Kinder zumindest kurzzeitig auch die Beschäftigung von kleineren übernehmen können.

Um das Richtige zu finden und eine Betreuung außer Haus für ein Kind nicht zur Belastung werden zu lassen, sollte man sich umfassend informieren und sich nicht nur auf einzelne Aussagen verlassen. Auch in der Wissenschaft herrscht keine einheitliche Vorstellung über Kitas, Krabbelstuben oder sonstige Tagesbetreuung vor.[3] Manche Aussagen populärwissenschaftlicher Zeitschriften sind eher gesellschaftspolitisch gefärbt als auf wissenschaftlichen Untersuchungen begründet.

Um es nochmals zu betonen: Eine gute Betreuung außerhalb der Familie bedarf geeigneter Rahmenbedingungen. Sie als Eltern müssen sich Zeit nehmen, um die Eingewöhnung geduldig einzuleiten, um die Signale des Kindes berücksichtigen und auf Belastungsanzeichen reagieren zu können. Den ganz Kleinen erleichtern Sie die Umstellung, indem Sie mit Ihrem Baby zusammen die neue Umgebung zunächst kurzzeitig, dann stundenweise besuchen, bis es sich eingewöhnt hat. Und auch hier hilft eine bereits aufgebaute sichere Bindungs-

Wunschbild und Wirklichkeit

beziehung zu Ihnen, die dem Kind die Eingewöhnung erleichtert.

Aber Sie sollten nicht ausschließen, dass die geplante Betreuung außer Haus misslingen kann – das heißt, es sollte genügend zeitlicher Spielraum vorhanden sein, um eine andere, für alle Seiten akzeptable Lösung zu finden, falls die vorgesehene außerhäusliche Betreuung nicht machbar ist, da sie zu einer zu großen Belastung für das Baby wird. Konkret bedeutet dies, dass Sie genügend Zeit einplanen müssen, um gegebenenfalls einen Rückzieher machen zu können und um mit genügend zeitlichem Abstand einen neuen Versuch starten oder eine andere Familienplanung realisieren zu können. »Genügend Abstand« heißt, dass ein Betreuungswechsel für ein Kind stets belastend ist und dass Ihr Kleines genügend Zeit haben muss, um sich emotional von diesem missglückten Versuch zu erholen. Ein mehrfacher Wechsel ist eine kleine Katastrophe und gilt als kritischer Faktor für jedes Kind. Eine Betreuung außer Haus sollte daher stets auch unter dem Gesichtspunkt beurteilt werden, ob sie über die gesamte geplante Zeit wirklich aufrechterhalten werden kann. Nicht zu vergessen: Auch das Temperament Ihres Kindes spielt eine Rolle. Der kleine Energiebolzen ist vielleicht besser aufgehoben in einer Krabbelstube, während ein schüchternes Kind wahrscheinlich eher mit der Situation einer Tagesmutter zurechtkommt.[4]

Eine gute Betreuung außerhalb der Familie ist möglich, bedarf aber geeigneter, auf das Kind abgestimmter Rahmenbedingungen. Nicht nur die neue Betreuerin muss geeignet sein. Das Kind muss Zeit haben, eine Bindungsbeziehung aufbauen zu können, und Eltern müssen ihr Baby hierbei unterstützen. Gegebenenfalls auftretende Stressanzeichen müssen geduldig und einfühlsam berücksichtigt werden. Auch ein ausreichender zeitlicher Spielraum ist erforderlich, damit ein Kind nicht überfordert wird.

12 Untröstliche Babys, Schreikinder oder chronische Unruhe –

auch die besten Eltern geraten an ihre Leistungsgrenzen

Belastet ein permanentes Schlafdefizit frisch gebackene Eltern anfangs schon stark genug, so bringt ein Schreibaby Mütter so manches Mal an die Grenzen der Belastbarkeit. Die verzweifelte Aussage: »Ich bin nur noch dazu da, zu stillen, zu wickeln und mir das Geschrei anzuhören!« zeigt die kritische Situation nur allzu deutlich. Da ist es nur ein schwacher Trost, dass sich die Schreieskapaden normalerweise nach etwa drei Monaten verlieren. Ist abgeklärt, dass keine Erkrankung für diese häufigen Schreiattacken verantwortlich ist, erzeugt das bei den Müttern Hilflosigkeit, Verzweiflung, manchmal Depressionen und schließlich sogar Aggressionen ihrem Baby gegenüber.

Der Gipfel der Enttäuschung ist erreicht, wenn das gerade untröstliche Kleine, das die Mutter mit größter Mühe, aber erfolglos zu beruhigen versuchte, sofort mit dem Schreien aufhört, sobald es von einem »wildfremden Menschen« auf den Arm genommen wird: von der Freundin, die das erste Mal zu Besuch kommt oder – noch schlimmer – von der »lieben« Tante Alwine, die zwar keinen eigenen Nachwuchs hat, aber anscheinend sämtliche Kinder der Welt besser als die eigenen Eltern erzogen hätte. Alle können anscheinend richtig mit dem kleinen Schreihals umgehen, nur die Mutter selbst nicht. Das ist manchmal mehr, als das sowieso angeschlagene mütterliche Selbstbewusstsein vertragen kann und auch mehr, als nur eine ausgesprochen ungünstige Bedingung für die Entstehung einer gelungenen Eltern-Kind-Beziehung.

Wenn Babys schreien, kann es sich um Hunger handeln, es mag etwas schmerzen, es fühlt sich verlassen oder es ist übermüdet und kann nicht in den Schlaf finden, es langweilt sich oder es ist zu vielen Reizen ausgesetzt. Die wirkliche Ursache müssen Eltern nun herausfinden, aber frischgebackene tun sich hier zunächst etwas schwer. Denn sie können ja eigentlich nur aus der Vorgeschichte schließen und über das Schreien selbst den eigentlichen Grund kaum erkennen. Eltern müssen erst einmal dieses kleine, geheimnisvolle Wesen kennenlernen und werden bei Schreianfällen zunächst die gängige Palette systematisch durchprobieren: Füttern, Streicheln, Halten, Wiegen, Zudecken, Aufdecken, Treppe rauf, Treppe runter ...

Babys schreien nicht aus Bosheit, sie drücken ihr Unbehagen oder unerfüllte Bedürfnisse in dieser Form aus, weil ihnen zunächst nur wenige Mitteilungsmöglichkeiten zur Verfügung stehen. Kinder schreien gegen Ende des ersten/Anfang des zweiten Monats am meisten. Nach diesem sogenannten »frühen Schreigipfel« nehmen die Unruhezeiten kontinuierlich wieder ab. Hierbei handelt es sich um ein reifungsbedingtes Phänomen, denn auch Frühchen haben diesen Höhepunkt in demselben entwicklungsbedingten Zeitraum. Das heißt, sind sie acht Wochen zu früh geboren, so haben sie diesen Schreigipfel nach der Geburt ebenfalls genau diese acht Wochen später. Der Zeitraum richtet sich nach ihrem eigentlichen Geburtszeitpunkt, sodass der Bezug zum Reifezustand des Gehirns eindeutig ist.[1]

Der normale frühe Schreigipfel –
ein universelles Phänomen

Ein Kind schreit insgesamt gesehen während der ersten drei Monate in seinem Leben am meisten. Universell durch alle Kulturen hinweg nimmt die Schreihäufigkeit bis zu diesem Schreigipfel gegen Ende des ersten Lebensmonats/Anfang des zweiten Lebensmonats zu, danach wieder ab.

Auffällig ist aber, dass in traditionalen Kulturen die Schreihäufigkeit zwar wie in unserem Kulturkreis genauso zu- und abnimmt, doch das Schreien üblicherweise durch Intervention der Betreuungsperson sofort wieder beendet wird. Auch in traditionalen Kulturen schreien demnach Säuglinge ähnlich häufig wie bei uns, aber die einzelnen Schreiepisoden sind wesentlich kürzer – nicht *dass geschrien* wird, ist in unserer westlichen Welt auffällig, sondern dass *so lange* geschrien wird. Es zeigte sich, dass ein fünfminütiges »Schreienlassen« die Schreidauer eines Babys verdoppelt. Schon prompte Reaktion reduziert Schreien also – wobei die Reaktion natürlich nicht an den Bedürfnissen des Säuglings vorbeigehen darf.[2]

In den ersten drei Monaten schreien Babys also am häufigsten, vor allem in den Abendzeiten sind sie besonders unruhig. Aufgrund seines persönlichen Tagesrhythmus' ist ein Baby einerseits gerade in einem ausgesprochen angeregten Stadium, andererseits »arbeitet« es sich gerade durch die längste Wachphase des Tages hindurch, bevor es all seine Eindrücke dann im Schlaf verarbeiten kann. Es ist also verständlicherweise etwas überfordert, quengelig und unruhig, schließlich will es gelernt sein, mit seinen verschiedenen Verhaltenszuständen zurechtzukommen. Es muss Selbstregulation also erst lernen. Und so muss auch

Wunschbild und Wirklichkeit

das Wiedereinschlafen und das Sich-selbst-Beruhigen geübt werden, wobei die Eltern wichtige Hilfestellung liefern, damit es mit diesen Empfindungen zurechtkommt.

Wenn Ihr Baby schreit, ist somit wieder Ihre gute Beobachtungsgabe gefragt, das heißt Ihre Fähigkeit, aufzuspüren, was Ihrem Baby hilft, aus seinem erregten Zustand herauszufinden. Und je schneller Sie reagieren, desto eher können Sie das quäkende Bündel daran hindern, sich in einen immer stärkeren Erregungszustand hineinzubrüllen. Sich einfühlsam zuwenden ist sicherlich leichter gesagt als getan. Denn auch für eine Mutter oder für einen Vater war der bisherige Tag möglicherweise aufreibend, wenn dieses sogenannte »Abendschreien« einsetzt – und vor allem befinden sie sich ohnehin meist noch in ständigem Schlafdefizit. Selbst ein »normales« Schreiverhalten ist für Eltern belastend genug, doch ein Schreibaby stellt nicht selten eine echte Überforderung dar.

Die sogenannte »chronische Unruhe« – Koliken sind keine Erklärung

Schreien Neugeborene mehr als drei Stunden am Tag an mehr als drei Tagen in der Woche über mindestens drei Wochen hinweg, spricht man von exzessivem Schreien oder von chronischer Unruhe. Früher verwandte man auch den Begriff der »Dreimonatskoliken«, wobei jedoch die Ursache des Schreiens nur in den seltensten Fällen wirklich etwas mit Koliken zu tun hat.

Heute weiß man, dass es sich bei Schreibabys um überaus empfindliche Kinder handelt. Bereits schwache Reize veranlassen sie zu vergleichsweise heftigen Reaktionen. Wo andere Kinder nur Unmut äußern oder quengeln, beginnen sie bereits heftig zu schreien. Sie reagieren nicht nur vehementer, sondern auch auffällig schnell auf die sie beunruhigenden Reize. Ein zweiter Faktor kommt erschwerend hinzu: Schreibabys haben eine schlechtere Selbstregulations-Fähigkeit.

Wenn man wüsste, was das Baby gerade so besonders beunruhigt hat, könnte man die Schreiattacke vielleicht verhindern. Doch man kann es ja nicht in Watte packen. Sicher, Sie können nicht alle Ihr Kind störenden Reize abhalten, aber mit einigem Geschick können Sie gegebenenfalls einen Teil dennoch herausfiltern. Hier stellt sich die Führung eines Tagesprotokolls als ganz nützliches Hilfsmittel heraus, um ein Gefühl dafür zu bekommen, unter welchen »Umständen« das Baby besonders »leidet«. Vielleicht können Sie so feststellen, was Ihr kleines empfindsames Wesen so schnell durcheinanderbringt oder welches Ambiente einem ruhigen Abend besonders dienlich ist.

Ein Tagesprotokoll hilft Ihnen vielleicht herauszufinden – auch zu Ihrer eigenen Beruhigung –, dass Ihr Baby gar nicht so extrem viel schreit, sondern mit seinem Verhalten im normalen Rahmen liegt. Manche Mütter fühlen sich dennoch durch ein solch normales Schreimaß ihres Kindes belastet, und oft wird dies noch verstärkt durch ein tatsächliches oder vermeintliches Unverständnis des sozialen Umfeldes.

Häufig sind aber die Befürchtungen unbegründet, bei jedem Schrei gleich als unfähige Mutter zu gelten. Ein junges Ehepaar fasste sich ein Herz und warb bei dem älteren Nachbarehepaar um Verständnis für das momentan ungnädige Verhalten ihres Babys und die »Lärmbelästigung« – und »rannte damit offene Türen« ein. Man machte sich dort eher Sorgen und nickte verständnisvoll, von Vorwürfen keine Spur. Auf der anderen Seite fordert das häufig sicherlich nicht unberechtigte Gefühl, von allen Seiten kritisch beobachtet zu werden, ob »so ein junges Ding« mit der Herausforderung »Kindererziehung« zurechtkommt, eine ganze Portion Selbstbewusstsein. Und vielleicht braucht es auch eine gute Schallisolierung, um die spitze Bemerkung: »Das war ja mal wieder eine muntere Nacht, wie ich gehört habe!« unbeschadet zu überstehen.

Ob nun tatsächlich Schreibaby oder nicht: Sie sollten versuchen, Ihrem Baby so schnell wie möglich wieder aus den Schreiepisoden herauszuhelfen. Am wirksamsten ist eine Reaktion innerhalb von eineinhalb Minuten. Wie erwähnt, verdoppelt bereits ein Schreienlassen von fünf Minuten die Zeit, bis sich ein Baby wieder beruhigt, vollständiges Ignorieren verdreifacht sie.[3] Schnell reagieren heißt aber nicht, sofort die Beruhigungshandlung zu wechseln, wenn der erste Versuch nicht gleich den gewünschten Erfolg zeigt, und die gesamte Palette hintereinander im Minutenabstand auszuprobieren oder mit einer stundenlangen, die Erregung abdämpfenden Stimulation durch Wiegen, Schaukeln oder Ähnlichem dagegen anzukämpfen. Man nennt dies inzwischen das *Cocktail-Shaker-Phänomen*. Der stundenlange Ritt auf dem Sitzball strapaziert nicht nur den Elternrücken, sondern er bewirkt eher das Gegenteil: Sobald man nämlich aufhört, erregt sich das Kleine erneut. Ruhige Präsenz, Nähe, Halt, ruhiges Ansprechen, Streicheln usw. erzielen vielleicht zwar keinen sofortigen Effekt, doch auf Dauer lernt ein Baby so, seine Verhaltenszustände zu regulieren – das heißt, es gewinnt die *Selbstregulations-Fähigkeit*.

Ihre Beobachtungsgabe ist auch insofern gefragt, da einige Untersuchungen darauf hinweisen, dass die Appelle eines Babys, dem in den ersten Lebensmonaten nur eine geringe Spannbreite an Interaktionsmöglichkeiten zur Verfügung steht, so manches Mal nicht richtig verstanden werden. Stillen zum Beispiel wechselt nicht selten direkt in Interaktionsbereitschaft über. Dies ist nicht einfach wahrzunehmen und wird demzufolge oft missverstanden. Für Kommunikationsprobleme spricht auch, dass bei einem Wechsel der Betreuung die Unruhe nachlässt, weil hier jemand gelassene Ruhe und aufmerk-

Die Theorie der »physiologischen Frühgeburt«

Die hauptsächlichen Unruhezeiten in den ersten Lebensmonaten wechseln im dritten Monat häufig in Phasen besonderer Aufmerksamkeit und Interaktions- und Spielbereitschaft. In dieser Zeit scheint sich ein Baby auch auf anderen Ebenen auffällig weiterentwickelt zu haben. So spielt sich der Schlaf-Wach-Rhythmus ein, sein Lächeln ist nun an seine Interaktionspartner gerichtet, es ist also kein »Engelslächeln« mehr, sondern ein soziales Lächeln, seine Selbstregulationsfähigkeiten nehmen zu. Ein Baby kommt im Vergleich zu unseren nächsten Verwandten, den Menschenaffen, recht unfertig zur Welt. Die verschiedenen Faktoren scheinen dafür zu sprechen, dass der Geburtszeitpunkt des menschlichen Säuglings im Verlauf unserer Evolution vorverlegt wurde, und zwar um etwa zwei bis drei Monate.

Mit der Entstehung des aufrechten Gangs waren bestimmte Anforderungen an die Beckenform gekoppelt, was gleichzeitig der Passage des Kindes durch das weibliche Becken Grenzen setzte. Der Kopfumfang des Kindes durfte eine gewisse Größe nicht überschreiten. Außerdem wurde der Geburtsvorgang durch die Drehungen und Wendungen des Kindes im Geburtskanal vergleichsweise kompliziert. Damit der Kopf noch durch den Geburtskanal passte, musste ein Teil der Gehirnentwicklung auf die Zeit nach der Geburt verlegt werden. Hieraus ergeben sich wahrscheinlich bestimmte Eigentümlichkeiten und veränderte kognitive Leistungen des menschlichen Säuglings um den zweiten/dritten Monat. So verlieren sich einige Reflexe, das braune Fettgewebe bildet sich zurück, das im Zusammenhang mit der anfangs noch eingeschränkten Regulation der Körpertemperatur gesehen wird, das soziale Lächeln tritt erstmals in diesem Zeitraum auf etc.[6]

sames Interesse ausstrahlt, und – sobald dem Säugling mehr Interaktionsstrategien zur Verfügung stehen, wie die erwähnte Theorie der »physiologischen Frühgeburt« andeutet – die abendliche Hauptzeit der Unruhe durch eine Hauptinteraktionsphase ersetzt wird.[4] Auch haben Mütter mit einem umfassenden Repertoire an Interaktionsmöglichkeiten seltener unruhige Kinder.

Vielleicht sollten Sie auch Ihre Stillgewohnheiten überprüfen. Füttern nach Plan steigert die Unruhe, während sie durch häufiges Stillen reduziert wird. Eine hohe Stillfrequenz ist übrigens ein typisches Merkmal traditionaler Kulturen, !Kung-Mütter stillen alle 13 bis 20 Minuten – und reagieren auf das Aufschreien ihrer Babys innerhalb von zwölf Sekunden – während in Deutschland ein Kind nur etwa sechsmal am Tag gestillt wird und es zunächst erst einmal länger schreien muss (siehe S. 46).[5]

Und hier noch ein Wort des Trostes: Schreibabys sind zwar in den ersten Monaten empfindlicher, aber es scheint, dass sie – zumindest die meisten – gegen Ende des ersten Lebensjahres als »Ausgleich« zufriedener, aufgeschlossener und anpassungsfähiger sind als die anderen Babys.

Zum Schluss noch einmal das Thema Tragen – eines meiner Lieblingsthemen, ich gebe es zu. Die Untersuchungen von Hunzikger und Barr[7] zeigten, dass Säuglinge, die normalerweise drei bis vier Stunden am Tag getragen wurden, seltener schrien und eher in einer zufriedenen, aufmerksamen Stimmung waren. Besonders auffällig war, dass sie auch die Abendstunden, in denen Babys normalerweise ihren Schreigipfel haben und sehr unruhig und weinerlich sind, ausgeglichen, zufrieden und wach waren. Vielleicht bietet das Tragen einem Baby in der für andere Kinder kritischen Zeit genau die adäquaten Sinnesreize im richtigen Maße, sodass es den sogenannten Schreigipfel zufrieden umschiffen kann. Auf der anderen

Seite ist Tragen kein Allheilmittel. Schreibabys sind nicht einfach durch Tragen zu beruhigen und schreien nach wie vor unverhältnismäßig viel. Möglicherweise muss ein Baby, wird es von Anfang an getragen, aber gar nicht so übermäßig schreien, da es durch den ständigen Körperkontakt seine Bedürfnisse besser mitteilen kann, somit seine Signale prinzipiell eher wahrgenommen und beantwortet werden. Hier ist noch ein Feld für Untersuchungen offen.

Schreien ist ein Appell des Babys an seine Umwelt, sein Unbehagen zu beenden. Ein Kind schreit in den ersten drei Monaten seines Lebens am meisten, mit einem Gipfel Ende des ersten/Anfang des zweiten Monats. Schreibabys sind überaus empfindlich und reagieren ausgesprochen heftig bereits auf schwache Reize. Es gilt herauszufinden, was ein Baby besonders beunruhigt und was ihm aus diesem Zustand heraushilft – kein einfaches Unterfangen. Sobald ein Baby mehr Strategien entwickelt, mit seiner Umwelt zu interagieren, verlieren sich zumeist diese Unruhezeiten und wechseln nicht selten in Interaktionszeiten.

13 Ungünstige Startchancen für Frühchen –

aber keineswegs hoffnungslos

Schon während der Schwangerschaft machen sich Eltern ein Bild von ihrem zukünftigen kleinen Familienmitglied, manchmal sind bereits sogar Augen- und Haarfarbe »festgelegt«. Zwar weiß man über das Geschlecht meist schon Bescheid, doch das Phantasiebaby wird mit den eigenen Wünschen und Vorstellungen »bepackt«. Klettert Töchterchen dann lieber die Bäume rauf und runter, anstatt sich in mädchenhaft verspieltem Kleidchen zu gefallen, und ist Sohnemann kaum für die Modelleisenbahn zu begeistern, wenn der Fußballplatz lockt, haben Eltern dann schon lange ihre Wünsche einsichtsvoll über Bord geworfen und ihre Vorstellungen mit den Realitäten in Einklang gebracht.

Die Diskrepanz zwischen Wunschbild und Realität ist jedoch extrem groß, wenn ein Baby mehrere Wochen oder gar Monate zu früh zur Welt kommt. Nicht nur, dass der Traum eines schönen, faszinierenden Geburtserlebnisses zerstört wird, auch das winzige, zerbrechliche Wesen ähnelt kaum dem Kind, das man sich in seiner Phantasie ausmalte. Ängste und Sorgen um diese kleine Hand voll Mensch, Bangen und Hoffen prägen die nächsten Wochen.

Das Leben wird von den Zeiten auf der Intensivstation bestimmt – das liebevoll eingerichtete Kinderzimmer, die sorgfältig ausgesuchte Kuscheldecke und die Schmusetiere bleiben verwaist. Statt die ersten Blicke ihres Babys genießen zu können, stehen Eltern hilflos einer angespannten Atmosphäre in der Intensivstation gegenüber, oft beiseitegedrängt von hektisch agierenden Ärzten und Schwestern, die das kleine Wesen in seinen Überlebensanstrengungen mit viel technischem Einsatz zu stabilisieren versuchen.

Die Überlebenschancen von Frühchen sind heutzutage – natürlich abhängig vom Entwicklungsalter bzw. vom Geburtsgewicht – durch die modernen Untersuchungsmethoden und die gründlichen, individuell angepassten Versorgungspläne in erfahrenen Kliniken so gut wie nie zuvor. Die Situation, in der sich die Eltern befinden, hat sich dennoch kaum geändert. Zunächst herrschen Ängste, Hilflosigkeit und eine von der Technik bestimmte Kliniksituation vor. Zwar ist man inzwischen dazu übergegangen, den Eltern so oft wie möglich Gelegenheit zu geben, ihr Baby zu berühren und es auch außerhalb des Inkubators zu halten (siehe auch S. 140), aber immer noch viel zu selten: Gift für den Aufbau einer Beziehung zu diesem kleinen Geschöpf!

Die demonstrativ selbstbewussten Worte, dass »eine Frau von Natur aus alles mitbekommen hat, um ein Kind zur Welt zu bringen«[1], schlagen genau ins Gegenteil um. Nicht selten gesellen sich in dieser Situation Minderwertigkeits- und Schuldgefühle hinzu. Als wenn dies nicht bereits schlimm genug wäre, beginnen Mütter nun nach Gründen zu suchen: »Was habe ich falsch gemacht?«, »Was habe ich versäumt?« etc. Hinzu kommt die Furcht vor der Zukunft, da durch die verfrühte Geburt bleibende Schäden gemutmaßt werden. All dies bringt manche Eltern und insbesondere Mütter dann gänzlich aus dem seelischen Gleichgewicht. Zu allem Unglück stellen sich zudem kaum elterliche Gefühle ein.

So viel für die kleinen Wesen auch getan wird, die Empfindungen der Eltern bleiben in der Zeit so manches Mal auf der Strecke. Dass bei einem Geburtsgewicht von zirka 900 Gramm heutzutage über 90 % der Frühchen gesund überleben, sind

»nur« Zahlen.[2] Die Ängste sind dagegen real. Kann aus solch einem Winzling überhaupt ein gesundes Baby werden? Kann man ihm in einer solch technik-dominierten Umgebung überhaupt Nähe und Wärme vermitteln?

Viele Untersuchungen zeigen: Alles, was die Umgebung näher an seine eigentliche Welt bringt, also »uterusähnlicher« macht, hilft dem Frühchen, besser zu überleben. Ein Versuch mit sanft bewegten Wasserbettchen zum Beispiel förderte den ruhigen Schlaf und reduzierte die Irritabilität. Die Stimulation des *proprio-vestibulären Systems* (siehe unten) wirkte sich anscheinend positiv auf die gesamte Entwicklung aus. So waren die Kleinen während ihrer wachen Zeit häufiger in einem inaktiven, aber aufmerksamen Zustand und verfolgten eher visuelle oder auditive Stimulationen. Auch ihre Motorik wirkte reifer. War die Bewegung der Bettchen dem Bewegungs- und Tagesrhythmus des normalen mütterlichen Verhaltens nachempfunden, traten Apnoen (Atemstillstände) bedeutend seltener auf,

Das proprio-vestibuläre System – ein unterschätzter Bereich der Sinneswahrnehmung

Der Begriff »proprio-vestibuläres System« bezieht sich auf den Gleichgewichts- und den Bewegungssinn. Es erfasst die Stellung des Körpers und der einzelnen Körperteile im Raum sowie die Stellung und Stellungsänderung der einzelnen Körperteile und Gliedmaßen zueinander (man spricht auch von kinästethischem Sinn).

Bewegungswahrnehmungen und die taktilen Empfindungen sind die ersten funktionstüchtigen Sinnessysteme weit vor der Geburt (8. Woche) und werden oft als eine Art Schrittmacher der fetalen Gehirnentwicklung angesehen, welche die Strukturierung des gesamten fetalen Gehirns unterstützt.

insbesondere die gefährlichen über zehn Sekunden andauernden, in Kombination mit einer verminderten Herzschlagfrequenz unter 80.[3]

Wenn technische »Tricks« bereits so erfolgreich wirken, ist es keineswegs verwunderlich, dass körperliche Nähe und die Eltern selbst noch viel erfolgreicher sind. In verschiedenen Versuchen profitierten die Kleinen daher von Massagen und Streicheleinheiten, die natürlich mit ihrer individuellen Situation abgestimmt sein müssen. Wachstum, Gewichtszunahme und verschiedene Gehirnfunktionen machten bessere Fortschritte, man registrierte seltener Atemstillstände und Stressanzeichen. Die kleinen Probanden bestachen durch bessere motorische Aktivität, Orientierungsverhalten und Verhaltensregulation, außerdem weinten sie weniger. In einer Untersuchung überraschten die Kleinen die Beobachter ganz besonders: Sie schliefen keineswegs mehr und nahmen daher auch nicht, wie ursprünglich erwartet, aufgrund eines hieraus resultierenden geringeren Energieverbrauchs stärker an Gewicht zu, sondern sie waren eher wach und sogar aktiver im Vergleich zu der Gruppe, die nicht in den Genuss der Massagen kamen. Die Frühchen konnten anscheinend die aufgenommene Nahrung durch die besondere Fürsorge besser nutzen.[4]

Auf manchen Frühgeborenenstationen ist man heute dazu übergegangen, die Frühchen möglichst frühzeitig, das heißt sobald ihre Körperfunktionen stabil sind, zeitweise aus dem Brutkasten (Inkubator) zu »entlassen« und den Eltern minuten- oder stundenweise auf die nackte Haut der Brust zu legen. So wird den kleinen Geschöpfchen Nähe und Wärme vermittelt, sie können Herzschlag und Atembewegungen wahrnehmen. Und wenn kleinere Wanderungen möglich sind, wird ihnen Bewegungswahrnehmung vermittelt, das heißt, das bereits erwähnte proprio-vestibuläre System wird ebenfalls stimuliert.

Wunschbild und Wirklichkeit

»Massage-Therapie« oder »taktile/kinästetische Stimulation«[5]

Seit den 1970er-Jahren wurden viele Untersuchungen durchgeführt, insbesondere an Frühgeborenen, die die positiven Effekte von Massagen belegten. Ein Überblick über diese Arbeiten fasste zusammen, dass die Kinder eher an Gewicht zunahmen und sich allgemein besser entwickelten, weniger Stressanzeichen zeigten und seltener weinten.

Wurden die Kleinen nach den ersten 20 Tagen intensiver Fürsorge zum Beispiel täglich dreimal 15 Minuten lang massiert und kinästetisch stimuliert, nahmen sie fast doppelt so viel zu wie die Kinder der Kontrollgruppe und waren häufiger wach und aktiv. Nach der »Brazelton-Skala« zeigten sie bessere Ergebnisse hinsichtlich motorischer Aktivität, Orientierung, Verhaltensregulation und Gewöhnung. Die »Massage-Babys« konnten das Krankenhaus durchschnittlich sechs Tage früher verlassen. Bei manchen Untersuchungen war selbst nach acht Monaten eine bessere körperliche Entwicklung messbar, obwohl die zusätzlichen »Streicheleinheiten« in der Klinik nur während zirka zwei Wochen vermittelt wurden.

Bei Untersuchungen, die diese Ergebnisse nicht erzielten, stellte sich heraus, dass bei den Kleinen statt einer Massage nur ein leichtes Streicheln eingesetzt wurde, sodass sie die Berührung wahrscheinlich eher als eine Art Kitzeln, also als störend empfanden. Eine Massage bei Frühchen muss demnach ganz bestimmte Bedingungen erfüllen.

Wenn schon »atmende« Teddys im Vergleich zu normalen Schmusetieren dafür sorgen konnten, dass sich die Kleinen im Inkubator mehr bewegten – sie robbten sogar näher an die

Teddys heran – und dazu noch Wochen später eher in eine ruhige Schlafphase verfielen, um wie viel wichtiger und effektvoller wird die Nähe zu den »lebenden« Eltern sein![6]

Die Furcht vor einem erhöhten Infektionsrisiko, wenn man die kleinen Menschen so »unverhofft der rauen Umwelt« außerhalb des Inkubators aussetzt, konnte schnell ausgeräumt werden und verblasste schließlich völlig vor den positiven Effekten der sogenannten *Känguru-Methode:*

Während die Temperaturkontrolle durch den Körperkontakt zu den Eltern genauso gut wie in einem Inkubator geregelt ist, bewirkt der intensive Kontakt sogar eine bessere Sauerstoffkonzentration im Blut der Kleinen, eine regelmäßigere Atmung, seltenere Apnoezustände. Auch der Herzschlag ist regelmäßiger und Bradycardien seltener (Verminderung der Herzfrequenz). Außerdem sind die Kleinen mehr im aufmerksamen, inaktiven Wachzustand und schreien weniger. Selbst nach sechs Monaten weinten Känguru-Babys seltener als die anderen Frühchen im Vergleichsalter. Schlafverlauf und Gewichtszunahme sind günstiger, sodass Känguru-Frühchen kürzer im Inkubator bleiben müssen und schließlich auch früher aus der Klinik entlassen werden können.[7] Auch später sind diese Kinder weniger krankheitsanfällig. Als Beispiel einige Vergleichszahlen von Känguru-Babys gegenüber einer Kontrollgruppe aus einer der vielen Untersuchungen:[8]

- Verlegen in Open-air Bassinets – 4 Tage statt 8 Tage
- Gewichtszunahme – 237 g statt 196 g
- Aufenthalt im Inkubator – 21 Tage statt 30 Tage
- Aufenthalt in der Klinik – 42 Tage statt 49 Tage
- Stillen bei Verlassen der Klinik – 82 % statt 45 %
- Auftreten von Apnoen und Bradycardien – im Verhältnis 1 : 4

Wunschbild und Wirklichkeit

Die »Känguru-Methode« oder Das »Kangaroo (Mother) Care Konzept«

In den 1970er-Jahren legte man in einer Klinik im kolumbianischen Bogotá die Frühchen den Müttern direkt auf die Haut, um so die Körpertemperatur der Kleinen auf einem akzeptablen Level zu halten. Die Idee war eigentlich aus der Not geboren, um den Mangel an Inkubatoren zumindest in dieser Hinsicht auszugleichen. Der Effekt war frappierend, die Frühchen gediehen insgesamt bedeutend besser als erwartet.[9] Auch wenn man die anfangs veröffentlichten Zahlen in den verschiedenen Publikationen mit Vorbehalt betrachten muss, so weiß man heute die Bedeutung des direkten Hautkontakts zu schätzen, was sich inzwischen als die sogenannte »Känguru-Methode« oder »Kangaroo Mother Care« (KMC) in vielen Kliniken etabliert hat. Sobald sich der körperliche Zustand der Frühchen stabilisiert hat, werden sie bei dieser ausgesprochen erfolgreichen Betreuungsvariante, ihnen in ein normaleres Leben hinüberzuhelfen, direkt auf die nackte Brust von Mutter oder Vater gelegt und durch ein Tuch geschützt.

So bestechend die positive Entwicklung der Kleinen ist, die Bedeutung für die Eltern ist nicht minder zu bewerten. Mit der Känguru-Methode weicht die zunächst erlebte Hilflosigkeit der Überzeugung, etwas für dieses kleine Geschöpf tun und ihm etwas geben zu können, wozu die professionellen Helfer nicht in der Lage sind: Zeit, Nähe und Geborgenheit. Das bleibt nicht ohne Effekt auf die Eltern selbst. Mütter fühlen sich endlich wirklich als Mütter, wenn sie diese kleinen Wesen regelmäßig in den Arm nehmen und spüren können. Was sich dann auch prompt in Zahlen ausdrückt: Der Anteil der Mütter, die stillen wollten und konnten, war in allen Untersuchungen bedeutend größer. Die Eltern fühlten sich darüber hinaus im Umgang mit ihrem Baby sicherer, da sie zunächst unter Kontrolle und mit Hilfe der Schwestern üben konnten. Und – durch den Haut-zu-Haut-Kontakt können sowohl bei Vätern wie bei Müttern endlich auch elterliche Gefühle entstehen. Sobald dann das Bindungsgeschehen einsetzt, beginnen die Eltern auch mit dem typischen Streichelmuster des Kennenlernens (siehe auch S. 55).

Machen Sie sich immer wieder klar: Sie werden eine umso bessere emotionale Beziehung zu Ihrem Baby aufbauen, je mehr Zeit Sie mit ihm verbringen können und je mehr Sie sich an seiner Versorgung beteiligt fühlen. Wenn es in der Literatur so schön heißt, dass »eine angemessene Stimulierung«[10] zur Entwicklung eines Säuglings beitragen kann, bedeutet dies nichts anderes, als dass auch Frühchen es genießen, gestreichelt und angesprochen zu werden, wobei sicherlich bei ihnen ganz besonders darauf geachtet werden muss, dass die Grenze zur Ermüdung und Überstimulierung bemerkt wird. Auf der anderen Seite kann ruhiger Körperkontakt sicherlich kaum überfordern, und in vielen Intensivstationen sind für das Kängurun inzwischen Rückzugsbereiche für Eltern und Kind eingerichtet worden. Lassen Sie sich von der technischen Umgebung nicht abschrecken, sondern Ihre Phantasie walten. Mütter befestigten beispielsweise die Nahrungsbürette ihres Frühchens an ihrer Kleidung, damit sie es trotz der Nahrungssonde im Arm halten konnten. Auch speziell angepasste »Atemhauben« wurden entwickelt, um den Müttern und Kleinen wenn irgend möglich Körperkontakt zu gönnen.

In manchen Frühchenstationen ist sogar nach einiger Zeit Rooming-in möglich, was schon innerhalb zweier Tage die Mütter die Zuversicht gewinnen ließ, die Verantwortung und die Betreuung ihres Kindes übernehmen zu können. Manchmal konnten sie dann auch stillen, und nicht selten drängten sie auf eine frühzeitige Entlassung aus der Klinik, um endlich ungestört zu sein. Vor allem wenn die baldige Entlassung ansteht, ist es für Mütter anscheinend wichtig, im Krankenhaus wenigstens einige Stunden, am besten einen Tag oder gar zwei Tage ganz für die Versorgung verantwortlich zu sein, um sozusagen »mit Sicherheitsnetz« üben zu können. Ein eigener Raum ist dann besonders wichtig, um sich unbeobachtet zu fühlen. Dann macht auch das Verbundenheitsgefühl mit dem Baby endlich Fortschritte.[11]

Kängurun ist heute bereits Standard in Skandinavien und hält zum Glück mehr und mehr Einzug in die Frühchenstationen der europäischen Kliniken, zum Wohl der Kinder und der Eltern. Das sanfte Konzept, mit Frühchen und eigentlich auch mit Eltern umzugehen, ist kaum mehr von dem Namen Marina Marcovich zu trennen, die mit ihrer Vorstellung der betont menschennahen, einfühlsamen Betreuung der Winzlinge einen Umdenkprozess einleitete, der an immer mehr Frühchenstationen Einzug hält.[12] Sicherlich gibt es noch einiges zu verbessern und zu verändern, wozu Eltern in der kritischen Zeit nach der Geburt kaum in der Lage sind. Vielerorts haben sich daher Elterninitiativen gebildet, oft in Zusammenarbeit mit den Kliniken selbst, um mehr für betroffene Eltern und ihre kleinen Unglücksraben zu tun. Diese Initiativen sind wichtige, mit eigenen Erfahrungen aufwartende und verständnisvolle Ansprechpartner für die oft verzweifelten Eltern.

> **Frühchen vermissen in der technischen Welt der Intensivstationen die menschliche Nähe. Alles, was die Umgebung dem früheren Lebensumfeld im Uterus ähnlicher macht, hilft ihnen, sich besser zu entwickeln: Atemgeräusche, Bewegungswahrnehmung, Körperkontakt, Streicheleinheiten und Kängurun. Diese Interventionen sind meist so erfolgreich, dass Frühchen vergleichsweise frühzeitig aus der Klinik entlassen werden können. Aber auch Eltern können sich durch die Nähe zu ihrem Kind endlich als Eltern fühlen und eine emotionale Beziehung aufbauen.**

Dank an die Kinder

Zum Schluss möchte ich mich bei allen Kindern bedanken, die jahrzehntelang all diese unsäglichen Beobachtungen dieser »merkwürdigen« Wissenschaftler über sich ergehen ließen, ohne die uns aber heute ein solch weitgefächertes Wissen über die Bindungsbeziehungen nicht zur Verfügung stünde.

Die Kinder, diese kleinen, wundersamen und geduldigen Wesen zeigten uns:

- dass eine gelungene Eltern-Kind-Bindung ein essenzieller Wegbereiter für die späteren sozialen Kompetenzen ist;
- dass die Haltung der Eltern ihrem Kind als Maß der Selbstbewertung dient;
- dass die schon als Baby und Kleinstkind gemachten emotionalen Erfahrungen seine späteren psychischen Entwicklungsprozesse beeinflussen;
- dass bereits nach einem Jahr die Bindungsqualität ein Hinweis auf die zukünftige sozio-emotionale Beziehung des heranwachsenden Kindes zu seinen Eltern gibt, aber auch auf sein soziales Verhalten gegenüber anderen Kindern und seine eigenen sozialen Fähigkeiten im späteren Erwachsenendasein;
- dass eine Bindung zum Vater sowohl für Jungen als auch für Mädchen wichtig ist, da er meist als interessanter und andersartiger Spielpartner und Helfer agiert;
- dass es eine besondere Spielbeziehung gibt und dass hierfür meist der Vater zuständig ist mit seinen ganz besonderen Herausforderungen an das Kind;

- dass jede Bindungsbeziehung eines Kindes individuell betrachtet und von jedem Erwachsenen initiiert und aufgebaut werden muss, die Qualität der Beziehung zur Mutter sagt keineswegs automatisch etwas über die zum Vater aus;
- dass Mütter sich den einzelnen Kindern gegenüber unterschiedlich feinfühlig verhalten und somit die Bindungsqualität bei Geschwistern unterschiedlich sein kann;
- dass Kinder nicht durch besondere Erziehungsmethoden sozialisiert werden müssen, sondern eine Disposition besteht, zur sozialen Gemeinschaft gehören zu wollen.

Sie belehrten uns aber auch darüber:
- dass unsichere und häufig ängstliche Kinder kaum unbekümmert spielen und sich dadurch Erfahrungsdefizite »anhäufen« können, die langfristig ihre sozialen und kognitiven Entwicklungen behindern;
- dass in Einzelfällen bei ausgesprochen schwierigem Temperament des Kindes trotz größter Bemühungen der Mutter eine unsichere Bindung entsteht – auch die liebevollste und einfühlsamste Mutter kann gegebenenfalls einen Mangel an Orientierungsfähigkeit und eine Irritierbarkeit in extremer Form nicht vollständig auffangen;
- dass es unvereinbare Temperamente von Mutter und Kind geben kann, sodass diese Konstellation mitunter einen tagtäglich aufreibenden »Kleinkrieg« durchlebt, während ein anderes Kind die bevormundende Art einer Mutter nur als lästig, aber keineswegs als stark einschränkend empfinden würde;
- dass sich eine ablehnende Haltung der Hauptbezugspersonen und eine widrige und anregungsarme Kindheit später nicht unbedingt in ausgeprägten Verhaltensauffälligkeiten zeigen muss, aber dennoch die Lebensqualität stark beeinträchtigt – das Schicksal ungeliebter, unerwünschter Kinder spricht eine beredte Sprache;

- dass auch ängstigende und gefährdende Bezugspersonen als Hort der Sicherheit wahrgenommen werden, da sich ein Kind an jene Menschen bindet, die es regelmäßig umsorgen – ein Kind kann in den ersten Lebensjahren die Beziehung zu seinen Eltern nicht aufkündigen;
- dass das Paradoxon der extrem starken Bindung an misshandelnde Eltern im Wesen der Bindung selbst ruht, je verängstigter ein Kind ist, umso stärker sucht es die Nähe einer Bindungsperson – dass eine Bedrohung von dieser ausgehen kann, ist im biologischen Programm nicht vorgesehen;
- dass bindungsunsichere Menschen später weniger zufrieden mit sich selbst sind, wenig konzentriert vorgehen, schneller aggressiv reagieren, verminderte sprachliche Kompetenz besitzen, kaum Freunde und wechselhafte Partnerbeziehungen haben; jede Eigenschaft für sich stellt kein allzu großes Handicap dar, beeinträchtigt aber in ihrer Gesamtheit stark und lässt durch mangelnde Kompetenz kaum adäquat auf Lebenskrisen reagieren.

Unser Unverständnis und unsere Neugierde werden uns diese kleinen faszinierenden Bündel hoffentlich auch weiterhin nicht übel nehmen und uns weitere nutzbringende Tipps geben, sodass wir sie durch unser größeres Verständnis besser unterstützen und stärken können.

Anmerkungen / Literatur

Einführung – Was ist eigentlich eine gelungene Eltern-Kind-Beziehung?

1 Grossmann, K./Grossmann, K.E.: *Bindungen, das Gefüge psychischer Sicherheit.* Stuttgart: Klett-Cotta 2005
Main, M.: »Analyses of a peculiar form of reunion behavior seen in some day-care children: Its history and sequelae in children who are home-reared«. In: Webb, R.A. (Hrsg.): *Social development in childhood: Day-care programs and research.* Baltimore: Johns Hopkins University press 1997, S. 33–78
2 Ainsworth, M.D.S.: »The development of infant-mother attachment«. In: Caldwell, B.M./Riciutti, H.N. (Hrsg.): *Review of child development research. Bd. 3.* Chicago: University of Chicago Press 1973, S. 1–94
Ainsworth, M.D.S./Wittig, B.A.: »Attachment and the exploratory behaviour of one-year-olds in strange situation«. In: Foss, B.M. (Hrsg.): *Determination of infant behavior, Vol. 4.* London: Methuen 1969, S. 113–136
Grossmann, K./Grossmann, K.E.: *Bindungen, das Gefüge psychischer Sicherheit.* Stuttgart: Klett-Cotta 2005
3 Grossmann, K./Grossmann, K.E.: *Bindungen, das Gefüge psychischer Sicherheit.* Stuttgart: Klett-Cotta 2005
4 Thomas, A./Chess, S.: Temperament and development. New York: Brunner/Mazel 1977
Zentner, M.R.: »Passung: Eine neue Sichtweise psychischer Entwicklung«. In: Petzold, H.G. (Hrsg.): *Frühe Schädigungen – späte Folgen? Bd. 1: Die Herausforderung der Längsschnittforschung.* Paderborn: Junfermann 1993, S. 157–193
5 Spangler, G./Schieche, M.: »Psychobiologie der Bindung«. In: Spanger, G./Zimmermann, P. (Hrsg.): *Die Bindungstheorie. Grundlagen, Forschung und Anwendung.* Stuttgart: Klett-Cotta 1995, S. 297–310
Weis, C./Bensel, J./Haug-Schnabel, G.: *Trennungsstress und Coping-Strategien. Elternabwesenheit und deren Wirkungen auf Kleinstkinder, untersucht durch Verhaltensbeobachtungen und Cortisolmessungen in der Krippe.* Mitteilungsblatt der Ethologischen Gesellschaft (42) 1999, 23–24
6 Grossmann, K.E./Grossmann, K./Schwan, A.: »Capturing the wider view of attachment: A reanalysis of Ainsworth's strange situation«. In: Izard, C.E./Read, P. B. (Hrsg.): *Measuring emotions in infants and children. Bd. 2.* New York: Cambridge University Press 1986, S. 124–171
Grossmann, K./Grossmann, K.E.: *Bindungen, das Gefüge psychischer Sicherheit.* Stuttgart: Klett-Cotta 2005
Haug-Schnabel, G.: *Verhaltensbiologische Erkenntnisse aus der Mutter-Kind-Bindungsforschung.* Die Hebamme 17 (3). 2004, S. 144–151
Haug-Schnabel, G.: »Was ist Entwicklung? Entwicklungspsychologische Grundlagen«. In: Krenz, A. (Hrsg.): *Psychologie für Erzieherinnen und Erzieher.* Berlin: Cornelsen Scriptor 2007, S. 86–157

1 Eine sichere Bindung – nicht nur Schutzraum für die ersten Lebensjahre

1 Konner, M.J.: »Maternal care, infant behavior and development among the !Kung«. In: Lee, R.B./de Vore, I. (Hrsg.): *Kalahari hunter-gatherers. Studies of the !Kung San and their neighbours.* Cambridge/Massachusetts: University Press 1976, S. 218–245
Schiefenhövel, W.: »Bindung und Lösung. Sozialisationspraktiken im Hochland von Neuguinea«. In: Eggers, C. (Hrsg.): *Bindung und Besitzdenken beim Kleinkind.* München, Wien, Baltimor: Urban & Schwarzenberg 1984, S. 51–80
2 Schiefenhövel, S./Schiefenhövel, W.: »Am evolutionären Modell. Stillen und frühe Sozialisation bei den Trobriandern«. In: Gottschalk-Batschkus, C.E./Schuler, J. (Hrsg.): *Ethnomedizinische Perspektiven zur frühen Kindheit.* Berlin: Verlag für Wissenschaft und Bildung 1996, S. 263–282
3 Grossmann, K./Grossmann, K.E.: *Bindungen, das Gefüge psychischer Sicherheit.* Stuttgart: Klett-Cotta 2005
4 Grossmann, K./Grossmann, K.E.: *Bindungen, das Gefüge psychischer Sicherheit.* Stuttgart: Klett-Cotta 2005
Nuber, U.: *Der lange Schatten der Kindheit.* Psychologie heute, Januar 2005, S. 20–27

2 »Elterliche Feinfühligkeit« – das Zauberwort in der Bindungsforschung

1 Polan, H.J./Hofer, M.A.: »Psychobiological origins of infant attachment and separation responses«. In: Cassidy, J./Shaver, P.R. (Hrsg.): *Handbook of attachment. Theory, research, and clinical applications.* New York: Guilford press (MA1999), S. 162–180
2 Ainsworth. M.D.S/Bell, S.M./Stayton, D.J.: »Infant-mother attachment and social development: ›Socialization‹ as a product of reciprocal responsiveness to signals«. In: Richards, P.M. (Hrsg.): *The integration of a child into a social world.* Cambridge: Cambridge Univ. Press 1974, S. 99–135 (übersetzt Grossmann/Grossmann 2003)
Ainsworth, M.D.S./Belhar, M.C./Waters, E./Wall, S.: *Patterns of attachment. A psychological study of the strange situation.* Hillsdale NJ.: Erlbaum 1978
3 Ainsworth, M.D.S. In: Grossmann, K./Grossmann, K.E. 2003, a.a.O., S. 414–421
Ainsworth, M.D.S/Bell, S.M.: »Mother-infant interaction and the development of competence«. In: Connolly, K.J./Bruner, J. (Hrsg.): *The growth of competence.* London, New York: Academic Press 1974, S. 97–18 (übersetzt von Grossmann/Grossmann 2003)
Grossmann, K.E./Grossmann, K. (Hrsg.): *Bindung und menschliche Entwicklung. John Bowlby, Mary Ainsworth und die Grundlagen der Bindungstheorien und Forschung.* Stuttgart: Klett-Cotta 2003
Grossmann, K./Grossmann, K.E.: *Bindungen, das Gefüge psychischer Sicherheit.* Stuttgart: Klett-Cotta 2005
Schleidt, M.: »Die humanethologische Perspektive: Die menschliche Frühentwicklung aus ethologischer Sicht«. In: Keller, Heidi (Hrsg): *Handbuch der Kleinkindforschung.* Berlin: Springer 1997, S. 27–49
4 Bueb, B.: *Lob der Disziplin.* Berlin: List 2006
Prekop, I.: *Der kleine Tyrann.* München: Kösel/dtv 1988/2004

von Festenberg, N./Gatterburg, A./Schnitzler, M./Wolf, M.: *Die verwöhnten Klei-nen. Kult ums Kind.* Der Spiegel 33, 2000, S. 102–112
5 Foley, R.: *Menschen vor Homo sapiens. Wie und warum unsere Art sich durchsetzte.* Stuttgart: Jan Thorbecke 2000
Eibl-Eibesfeldt, I: *Die Biologie des menschlichen Verhaltens. Grundriß der Human-ethologie.* München: Piper 1997
Kirkilionis, E.: *Ein Baby will getragen sein.* München: Kösel 1999
6 Hassenstein, B.: *Verhaltensbiologie des Kindes.* Münster: MV Wissenschaft 2006
Kirkilionis, E.: *Ein Baby will getragen sein.* München: Kösel 1999
7 Kirkilionis, E.: *Ein Baby will getragen sein.* München: Kösel 1999
8 Kersting, M./Dulon, M.: *Fakten zum Stillen in Deutschland. Ergebnisse der SuSe-Studie.* Monatsschrift Kinderheilkunde 150(10), 2002, S. 1196–1201
Guóth-Gumberger, M./Horman, E./Mulder-Baalbergen, W./Perl, F.M./Pietschnig, B./Scherbaum, V./Sperling, G./Springer, S./von Xylander, S.: »Stillmanagement«. In: Scherbaum, V./Perl, F.M./Kretschmer (Hrsg.): *Stillen. Frühkindliche Ernährung und reproduktive Gesundheit.* Köln: Deutscher Ärzte-Verlag 2003, S. 103–125
9 Schiefenhövel, S./Schiefenhövel, W.: »Am evolutionären Modell. Stillen und frü-he Sozialisation bei den Trobriandern«. In: Gottschalk-Batschkus, C.E./Schuler, J. (Hrsg.): *Ethnomedizinische Perspektiven zur frühen Kindheit.* Berlin: VWB – Verlag für Wissenschaft und Bildung 1996, S. 263–282

3 Kompetente Eltern, kompetente Kinder – wie man »Feinfühligkeit« unterstützen kann

1 Anderson, G.C.: »Touch and the kangaroo care method«. In: Field, T.M. (Hrsg.): *Touch in early development.* Hillsdale/NJ: Lawrence Erlbaum 1995, S. 35–51
Anisfeld, E./Casper, V./Nozyce, M./Cunningham, N.: »Does infant carrying pro-mote attachment? An Experimental study of the effect of increased physical con-tact on the development of attachment«. In: *Child development 61*, S. 1617–1627
Hunziker, U.A.: »Der Einfluss des Tragens auf das Verhalten des Säuglings.« In: Pachler, M.J./Straßburg, H.-M. (Hrsg.): *Der unruhige Säugling. Fortschritte der So-zialpädiatrie, Bd. 13.* Lübeck: Hanseatisches Verlagskontor 1990, S. 235–239
2 Anisfeld, E./Casper, V./Nozyce, M./Cunningham, N.: »Does infant carrying pro-mote attachment? An Experimental study of the effect of increased physical con-tact on the development of attachment.« In: *Child development 61*, 1990, S. 1617–1627
3 Anisfeld, E./Casper, V./Nozyce, M./Cunningham, N.: »Does infant carrying pro-mote attachment? An Experimental study of the effect of increased physical con-tact on the development of attachment.« In: *Child development 61*, 1990, S. 1617–1627

4 Liebe auf den ersten Blick – wie die Bindungsbeziehung beginnt

1 Klaus, M.H.: »Touching during and after childbirth.« In: Field, T.M. (Hrsg.): *Touch in early development.* Hilldsale/NJ.: Lawrence Erlbaum 1995, S. 19–33
Klaus, M.H./Kennell, J.H./Klaus, P.H.: *Der erste Bund fürs Leben.* Reinbek: Ro-wohlt 1997

2   Guóth-Gumberger, M./Hormann, E.: *Stillen*. München: Gräfe und Unzer 2004
    Klaus, M.H./Kennell, J.H./Klaus, P.H.: *Der erste Bund fürs Leben*. Reinbek: Rowohlt 1997
3   Anderson, G.C./Chang, H.-P./Behnke, M./Conlon, M./Eyler, F.D.: »Selfregulatory mothering (SR) postbirth: effect on, and correlation between infant crying
    and salivary cortisol.« In: *Pediatr Res 37(4)*, part 2 (Abstract 57), 12A, 1995

5   Wie die Bindungsbeziehung wächst – zwei Seiten einer Medaille

1   Papoušek, M.: *Vom ersten Schrei zum ersten Wort*. Bern, Göttingen, Toronto, Seattle:
    Huber 1998
    Papoušek, M./Papoušek, P.: »Intuitive elterliche Früherziehung in der vorsprachlichen Kommunikation. Teil I: Grundlagen und Verhaltensrepertoire.« In: *Sozialpädiatrie in Praxis und Klinik 12 (7)*, 1990, S. 521–527
2   Papoušek, M.: *Vom ersten Schrei zum ersten Wort*. Bern, Göttingen, Toronto, Seattle:
    Huber 1998
    Papoušek, M./Papoušek, P.: »Intuitive elterliche Früherziehung in der vorsprachlichen Kommunikation. Teil I: Grundlagen und Verhaltensrepertoire.« *Sozialpädiatrie in Praxis und Klinik 12 (7)*, 1990, S. 521–527
3   Stack, D./Muir, D.: »Adult tactile stimulation during face-to-face interactions
    modulates five-month-olds' affect and attention.« In: *Child Development 61*, 1992,
    S. 754–763
4   Grossmann, K.E./Grossmann, K.: »Die Entwicklung von Konversationsstilen im
    ersten Lebensjahr und ihr Zusammenhang mit der mütterlichen Feinfühligkeit
    und der Beziehungsqualität zwischen Mutter und Kind.« In: Albert, D. (Hrsg.):
    Bericht über den 34. Kongress der Deutschen Gesellschaft für Psychologie, Wien. Göttingen: Verlag für Psychologie, 1985, S. 394–397
    Grossmann, K./Grossmann, K.E.: *Bindungen, das Gefüge psychischer Sicherheit*.
    Stuttgart: Klett-Cotta 2005
5   Grossmann, K.E./Grossmann, K.: »Die Entwicklung von Konversationsstilen im
    ersten Lebensjahr und ihr Zusammenhang mit der mütterlichen Feinfühligkeit
    und der Beziehungsqualität zwischen Mutter und Kind.« In: Albert, D. (Hrsg.):
    Bericht über den 34. Kongress der Deutschen Gesellschaft für Psychologie, Wien. Göttingen: Verlag für Psychologie 1985, S. 394–397
    Grossmann, K./Grossmann, K.E.: *Bindungen, das Gefüge psychischer Sicherheit*.
    Stuttgart: Klett-Cotta 2005
6   Leon, M.: »Touch and smell.« In: Field, Tiffany M. (Hrsg.): *Touch in early development*. Hillsdale/NJ: Lawrence Erlbaum 1995, S. 81–87
    Spitzer, M.: *Nervenkitzel. Neue Geschichten vom Gehirn*. Frankfurt a.M.: Suhrkamp
    2006
7   Hobson, P.: *Wie wir denken lernen. Gehirnentwicklung und die Rolle der Gefühle*.
    Düsseldorf, Zürich: Walter 2003
    Stack, D./Munir, D.: »Adult tactile stimulation during face-to-face interactions
    modulates five-month-olds' affect and attention.« In: *Child Development, 63*, 1992,
    S. 1509–1525
    Tronick, E.Z./Als, H./Adamson, L./Wise, S./Brazelton, T.B.: »The infant's response to entrapment between contradictory messages in face-to-face interaction.«
    In: *Journal of the American Academy of Child Psychiatry 17*, 1978, S. 1–13

8 Hobson, P.: *Wie wir denken lernen. Gehirnentwicklung und die Rolle der Gefühle.* Düsseldorf, Zürich: Walter 2003
   Murray, T.: »Emotional regulation of interactions between two-month-olds and their mothers.« In: Field, T.M./Fox, N.A. (Hrsg.): *Sozial Perception in infants.* Norwood, NJ: Ablex 1985, S. 177–197
9 Chasiotis, A./Keller, H.: »Zur Relevanz evolutionsbiologischer Überlegungen für die klinische Psychologie.« In: *Integrative Therapie, 1–2,* 1992, S. 74–200
   Haug-Schnabel, G.: »Der kompetente Säugling. Das Verhaltensrepertoire im 1. Jahr.« In: Wessel, R.P./Naumann (Hrsg.): *Kommunikation und Humanontogenes.* Kleine, Bielfeld: Berliner Studien zur Wissenschaftsphilosophie & Humangenetik, Bd. 6, 1994, S. 275–284
   Haug-Schnabel, G.: »Verhaltensbiologische Erkenntnisse aus der Mutter-Kind-Bindungsforschung.« In: *Die Hebamme 17 (3),* 2004, S. 144–151
10 Hobson, P.: *Wie wir denken lernen. Gehirnentwicklung und die Rolle der Gefühle.* Düsseldorf, Zürich: Walter 2003
   Kogan, N./Carter, A.S.: »Mother-infant re-engagement following the still-face: the role of maternal emotional availability in infant affect regulation.« In: *Infant behaviour and development 19,* 1996, S. 359–370
   Tronick, E.Z./Als, H./Adamson, L./Wise, S./Brazelton, T.B.: »The infant's response to entrapment between contradictory messages in face-to-face interaction.« In: *Journal of the American Academy of Child Psychiatry 17,* 1978, S. 1–13
   Tronick, E.Z.: »Emotions and emotional communication in infants.« In: *American Psychologist 44,* 1989, S 112–119
   Weinberg, M.K./Tronick, E.Z.: »Infant affective reactions to the resumption of maternal interaction after the still-face.« In: *Child development 67,* 1996, S. 905–914
11 Haug-Schnabel, G.: *Wie Kinder sauber werden können.* Ratingen: Oberstebrink 2002
   Haug-Schnabel, G./Bensel, J.: Ein Beitrag der Verhaltensbiologie zur »biopsychosozialen Einheit Mensch«. In: Kleinhempel, F./Möbius, A./Soschinka, H.-U./ Wassermann, M. (Hrsg.): »Die Biopsychosoziale Einheit Mensch – Begegnungen.« Kleine, Bielefeld: *Berliner Studien zur Wissenschaftsphilosophie & Humanontogenetik, Bd. 10,* S. 238–246
12 Chamberlain, S.: *Adolf Hitler, die deutsche Mutter und ihr erstes Kind. Über zwei NS-Erziehungsbücher.* Gießen: Psychosozial Verlag 1998
13 Haarer, J.: *Die deutsche Mutter und ihr erstes Kind.* München/Berlin: Lehmann 1938
   Haarer, J./Hutzel, A.: *Die Mutter und ihr erstes Kind.* München: Gerber 1987

6 Babybindung konkret – der zeitliche Ablauf des kindlichen Bindungsgeschehens

1 Grossmann, K./Grossmann, K.E.: *Bindungen, das Gefüge psychischer Sicherheit.* Stuttgart: Klett-Cotta 2005
   Hassenstein, B.: *Verhaltensbiologie des Kindes.* Münster, MV Wissenschaft 2006
   Schleidt, M.: »Die humanethologische Perspektive: Die menschliche Frühentwicklung aus ethologischer Sicht.« In: Keller, H. (Hrsg.): *Handbuch der Kleinkindforschung.* Heidelberg: Springer 1989

2   Schleidt, M.: »Die humanethologische Perspektive: Die menschliche Frühentwicklung aus ethologischer Sicht«. In: Keller, H. (Hrsg.): *Handbuch der Kleinkindforschung*. Heidelberg: Springer 1989
3   Bowlby, J.: *Trennung*. München: Kinder 1976 (Original: *Attachment and loss. Separation: Anxiety and anger. Bd. 2*, New York: Basik books 1973)
    Grossmann, K./Grossmann, K.E.: *Bindungen, das Gefüge psychischer Sicherheit*. Stuttgart: Klett-Cotta 2005
4   Schatz, C.J.: »The developing brain.« In: *Readings from scientific American magazine. Mind and Brain*, New York: Freeman & Co 1993, S. 15–16
    Spitzer, M.: *Nervenkitzel. Neue Geschichten vom Gehirn*. Frankfurt a.M.: Suhrkamp 2006

7 Vorbereitung für einen gelungenen Start in die Bindungsbeziehung – ein Kapitel für Mütter, das Väter lesen sollten

1   Bensel, J.: *Was sagt mir mein Baby, wenn es schreit?* Ratingen: Oberstebrink 2003
    Bensel, J./Haug-Schnabel, G.: »Wendepunkt Geburt. Unvereinbarkeit von Frau- und Muttersein als Gesundheitsrisiko in westlichen Industrieländern«. In: Arbeitsgemeinschaft Ethnomedizin (Hrsg.): *Frauen und Gesundheit. Ethnomedizinische Perspektiven*. Curare, Sonderband 11. Berlin: Verlag für Wissenschaft und Bildung 1997, S. 293–302
2   Albrecht-Engel, I.: »Geburt in der Bundesrepublik Deutschland«. In: Schiefenhövel, W./Sicht, D./Gotschalk-Batschkus, E. (Hrsg.): *Gebären. Ethnomedizinische Perspektiven und neue Wege*. Curare, Sonderband 8. Berlin: Verlag für Wissenschaft und Bildung 1995, S. 31–42
    Bensel, J./Haug-Schnabel, G.: »Wendepunkt Geburt. Unvereinbarkeit von Frau- und Muttersein als Gesundheitsrisiko in westlichen Industrieländern«. In: Arbeitsgemeinschaft Ethnomedizin (Hrsg.): *Frauen und Gesundheit. Ethnomedizinische Perspektiven*. Curare, Sonderband 11. Berlin: Verlag für Wissenschaft und Bildung 1997, S. 293–302
3   *Lexikon der Biologie. Stichwort Geburtshilfe*. München: Spektrum Akademischer Verlag, Elsvier 2004
4   Bensel J./Haug-Schnabel, G.: »Wendepunkt Geburt. Unvereinbarkeit von Frau- und Muttersein als Gesundheitsrisiko in westlichen Industrieländern«. In: Arbeitsgemeinschaft Ethnomedizin (Hrsg.): *Frauen und Gesundheit. Ethnomedizinische Perspektiven*. Curare, Sonderband 11. Berlin: Verlag für Wissenschaft und Bildung 1997, S. 293–302
    Pop, V.J./Wijnen, H.A./van Montfort, M./Essed, G.G./de Geus, C.A./van Son, M.M./Komproe, I.H.: »Blues and depression during early puerperium: home versus hospital deliveries«. In: *Journal of obstetrics and gynaecology*, 102, 1995, S. 701–706
    Schiemann, D.: *Postnatales Rooming-in. Eine empirische Untersuchung. Konsequenzen für die Praxis*. Bern: Hans Huber 1993
5   Garel, M./Lelong, N./Kaminski, M.: »Psychological consequences of caesarean childbirth in primiparas«. In: *Journal of psychosomatic obstetrics & gynaecology*, 6, (3), 1990, S. 197–209
6   Zusammengefasst bei:
    Klaus, Marshall H./Kennell, J.H./Klaus, P.H.: *Der erste Bund fürs Leben*. Reinbek: Rowohlt 1997.

Schiemann, D.: *Postnatales Rooming-in. Eine empirische Untersuchung. Konsequenzen für die Praxis.* Bern: Hans Huber 1993

7 Marx, G.: *Die Sprache der Mutter zum Neugeborenen und Säugling. Eine Analyse von Umfang, Inhalt und Form.* Dissertation, Naturwissenschaftliche Fakultät, Universität Salzburg 1981
Lozoff, B.: *Birth and »bonding« in non-industrial societies. Developmental medicine and child neurology,* 24 (5), 1983, S. 595–600

8 Keefe, M.R.: »Comparison of neonatal nighttime sleep-wake patterns in nursery versus rooming-in environments«. In: *Nursing research 36*(3), 1987, S. 140–144
O'Connor, S./Vietze, P./Sherrod, K./Sandler, H./Altmeier, W.: »How does rooming-in enhance the mother-infant bond?« In: *Pediatric research 13* (April) 1979, S. 336
Sander, L.W./Stechler, G./Burns P./Lee, A.: »Change in infant and caregiver variables over the first two months of life: Integration of action in early development«. In: Thoman, E.B. (Hrsg.): *Origins of the infant's social responsiveness.* New York: John Wiley & Sons 1979, S. 349–407

9 Langmaack, H./Schleipen, W./Daschner, F.: »Krankenhausinfektionen im Rooming-in-System: Ergebnisse einer zweijährigen Studie«. In: *Geburtshilfe und Frauenheilkunde 42,* 1982, S. 672–675

10 Schiefenhövel, S./Schiefenhövel, W.: »Am evolutionären Modell. Stillen und frühe Sozialisation bei den Trobriandern«. In: Gottschalk-Batschkus, C.E./Schuler, J. (Hrsg.): *Ethnomedizinische Perspektiven zur frühen Kindheit.* Berlin: Verlag für Wissenschaft und Bildung 1996, S. 263–282
Eibl-Eibesfeldt, I.: Die Biologie des menschlichen Verhaltens. Grundriß der Humanethologie. München: Piper 1997

8 Das Doula-Konzept – mehr als eine Unterstützung für die Mutter

1 Klaus, M.H.: »Touching during and after childbirth«. In: Field, T.M. (Hrsg.): *Touch in early development.* Hillsdale/NJ: Lawrence Erlbaum 1995, S. 19–33
Klaus, M.H./Kennell, J.H./Klaus, P.H.: *Der erste Bund fürs Leben.* Reinbek: Rowohlt 1997
McGrath, S.K.: *The effect of doula support on cesarean rates and parenting behavior.* Poster Presented at XIIth. Biennial International Conference on Infant Studies. Brighton/GB, 16.–19. Juli 2000

2 Zusammengefasst bei:
Bensel, J.: *Was sagt mir mein Baby, wenn es schreit?* Ratingen: Oberstebrink 2003
McGrath, S.K.: *The effect of doula support on cesarean rates and parenting behavior.* Poster Presented at XIIth. Biennial International Conference on Infant Studies. Brighton/GB, 16.–19. Juli 2000

9 Ein gesundes Kind = eine überglückliche Mutter? – Wunschbild und Wirklichkeit

1 Bensel, J.: *Was sagt mir mein Baby, wenn es schreit?* Ratingen: Oberstebrink 2003

2 Bensel, J.: *Was sagt mir mein Baby, wenn es schreit?* Ratingen: Oberstebrink 2003
Chalmers, B.E./Chalmers, B.M.: »Post-partum depression: A revised perspective«. In: *Journal of psychosomatic obstetrics & gynaecology 5,* 1986, S. 93–105

Kapfhammer, H.-P.: »Psychische Störungen im Zusammenhang von Geburt und Wochenbett«. In: Helmchen, H./Hippius, H./Greil, W.M./Hambrecht, M.M./ Linden, M.M./Tegler, S. (Hrsg.): *Psychiatrie für die Praxis 19*. München: MMV Medizin Verlag 1994, S. 45–53

Kumar, R.: »Postnatal mental illness: a transcultural perspective«. In: *Social Psychiatry & Psychiatric Epidemiology 29* (6), 1994, S. 250–264

10 Immer am Ball – der 24-Stunden-rund-um-die-Uhr-Einsatz der »modernen Mutter«

1 Bensel, J./Haug-Schnabel, G.: »Wendepunkt Geburt. Unvereinbarkeit von Frau- und Muttersein als Gesundheitsrisiko in westlichen Industrieländern«. In: Arbeitsgemeinschaft Ethnomedizin (Hrsg.): *Frauen und Gesundheit. Ethnomedizinische Perspektiven*. Curare, Sonderband 11. Berlin: Verlag für Wissenschaft und Bildung 1997, S. 293–302

Schölmerich, A./Leyendecker, B./Lamb, M.E./Hewlett, B.S./Tessier, R.: »Alltagserfahrugnen von 3 Monate alten Säuglingen in Nord- und Lateinamerika, Europa und Afrika«. In: Alt, K./Kemkes-Grottenthaler, A. (Hrsg.): *Child Anthropology*. Köln: Böhlau-Verlag 2002, S. 386–399

Schiefenhövel, W.: »Bindung und Lösung. Sozialisationspraktiken im Hochland von Neuguinea«. In: Eggers, C. (Hrsg.): *Bindung und Besitzdenken beim Kleinkind*. München: Urban & Schwarzenberg 1984, S. 51–80

2 Barr, R.G./Bakeman, R./Konner, M./Adamson, L.: »Crying in !Kung Infants: Distress Signals in a Responsive Context«. In: *American Journal of Diseases of Children 141* (April) 1987, S. 386

Konner, M.J.: »Maternal Care, Infant Behavior and Development among the !Kung«. S. 218–245. In: Lee, R.B./deVore, I. (Hrsg.): *Kalahari Hunter-Gatherers Studies of the !Kung San and Their Neighbors*. Cambridge: University Press 1976

Schiefenhövel, W.: »Bindung und Lösung. Sozialisationspraktiken im Hochland von Neuguinea«. In: Eggers, C. (Hrsg.): *Bindung und Besitzdenken beim Kleinkind*. München: Urban & Schwarzenberg 1984, S. 51–80

3 Schiefenhövel, W./Uher, J./Krell, R.: *Im Spiegel der Anderen. Aus dem Lebenswerk des Verhaltensforschers Irenäus Eibl-Eibesfeldt*. München: Realis 1993

4 Eibl-Eibesfeldt, I.: *Die Biologie des menschlichen Verhaltens. Grundriß der Humanethologie*. München: Piper 1997

5 Bundesministerium für Familie, Senioren, Frauen und Jugend: *FrauenGesundheit*. Dokumentation der Fachtagung am 4./5. Oktober 2001. FrauenLeben – FrauenArbeit. Bericht zur gesundheitlichen Situation von Frauen in Deutschland. 2002

11 Wenn die Betreuung geteilt wird – familienbezogene und außerfamiliäre Lösungen auf dem Prüfstein

1 Hassenstein, B.: *Verhaltensbiologie des Kindes*. Münster: MV Wissenschaft 2006

2 Hassenstein, B.: *Verhaltensbiologie des Kindes*. Münster: MV Wissenschaft 2006

Spangler, G./Grossmann, K.E./Schieche, M.: »Psychobiologische Grundlagen der Organisation des Bindungsverhaltenssystems im Kleinkindalter«. *Psychologie in Erziehung und Unterricht 49*, 2002, S. 102–120

3 Bensel, J.: »Vertrauen schaffen von Anfang an. Wie eine gute Eingewöhnung gelingen kann«. In: *ZeT – Zeitschrift für Tagesmütter und -väter* (1), 1999, S. 8-10
Bensel, J./Haug-Schnabel, G.: *Kinder unter 3. Bildung, Erziehung und Betreuung von Kleinstkindern.* Kindergarten heute spezial. Freiburg: Herder 2006
Willhelm, K.: »Fremde Betreuung – Gute Betreuung«. In: *Psychologie heute* (Januar) 2005, S. 28-30
4 Grossmann, K./Grossmann, K.E.: *Bindungen, das Gefüge psychischer Sicherheit.* Stuttgart: Klett-Cotta 2005
Willhelm, K.: »Fremde Betreuung – Gute Betreuung«. In: *Psychologie heute* (Januar) 2005, S. 28-30

12 Untröstliche Babys, Schreikinder oder chronische Unruhe – auch die besten Eltern geraten an ihre Leistungsgrenzen

1 Bensel, J.: *Was sagt mir mein Baby, wenn es schreit?* Ratingen: Oberstebrink 2003
2 Bensel, J.: »Frühe Säuglingsunruhe. Einfluss westlicher Betreuungspraktiken und Effekte auf Aktivitätsmuster und biologischen Rhythmus«. In: Schiefenhövel, W./ Schuler, J. (Hrsg.): *Am Zügel der Evolution.* Berlin: Verlag für Wissenschaft und Bildung 2003a
Bensel, J.: *Was sagt mir mein Baby, wenn es schreit?* Ratingen: Oberstebrink 2003b
3 Baildam, E.M./Hillier, V.F./Ward, B.S./Bannister, R.P./Bamford, F.N./Moor, W.M.O.: »Duration and pattern of crying in the first year of life. In: Developmental medicine and child neurology 37(4), 1995, S. 345–353
Thoman, E.B.: »How a rejecting baby may affect mother-infant synchrony. Parent-infant interaction«. In: *Associated scientific publishers.* New York 1975
4 Bensel, J.: »Frühe Säuglingsunruhe. Einfluss westlicher Betreuungspraktiken und Effekte auf Aktivitätsmuster und biologischen Rhythmus«. In: Schiefenhövel, W./ Schuler, J. (Hrsg.): *Am Zügel der Evolution.* Berlin: Verlag für Wissenschaft und Bildung 2003
5 Baildam, E.M./Hillier, V.F./Ward, B.S./Bannister, R.P./Bamford, F.N./Moor, W.M.O.: »Duration and pattern of crying in the first year of life«. In: *Developmental medicine and child neurology* 37(4), 1995, S. 345–353
Bensel, J.: »Frühe Säuglingsunruhe. Einfluss westlicher Betreuungspraktiken und Effekte auf Aktivitätsmuster und biologischen Rhythmus«. In: Schiefenhövel, W./ Schuler, J. (Hrsg.): *Am Zügel der Evolution.* Berlin: Verlag für Wissenschaft und Bildung 2003a
6 Hassenstein, B.: *Verhaltensbiologie des Kindes.* Münster: MV Wissenschaft 2006
Kirkilionis, E.: *Der menschliche Säugling als Tragling – unter besonderer Berücksichtigung der Prophylaxe gegen Hüftdysplasie.* Freiburg: Dissertation, Fachbereich Biologie an der Albert-Ludwigs-Universität 1989
7 Hunziger, U.A.: »Der Einfluß des Tragens auf das Verhalten des Säuglings«. In: Pachler, M.J./Straßburg, H.-M. (Hrsg.): *Der unruhige Säugling. Fortschritte der Sozialpädiatrie,* Bd. 13, 1990, S. 235–239
Hunziker, U.A./Barr, R.B.: »Increased carrying reduces infant crying: A randomized controlled trial«. In: *Pediatrics* 77(5), 1986, S. 641–648

13 Ungünstige Startchancen für Frühchen – aber keineswegs hoffnungslos

1   Albrecht-Engel, I.: »Geburt in der Bundesrepublik Deutschland«. In: Schiefenhövel, W./Sicht, D./Gotschalk-Batschkus, E. (Hrsg.): *Gebären. Ethnomedizinische Perspektiven und neue Wege.* Curare, Sonderband 8. Berlin: Verlag für Wissenschaft und Bildung 1995, S. 31–42
   Bensel, J./Haug-Schnabel, G.: »Wendepunkt Geburt. Unvereinbarkeit von Frau- und Muttersein als Gesundheitsrisiko in westlichen Industrieländern«. In: Arbeitsgemeinschaft Ethnomedizin (Hrsg.): *Frauen und Gesundheit – Ethnomedizinische Perspektiven.* Curare, Sonderband 11. Berlin: Verlag für Wissenschaft und Bildung 1997, S. 293–302
2   Klaus, M.H./Kennel, J.H./Klaus, P.H.: *Der ersten Bund fürs Leben.* Reinbek: Rowohlt 1997
   Ludington-Hoe, S.M./Golant, S.K.: *Liebe geht durch die Haut. Eltern helfen ihrem frühgeborenen Baby durch die Känguruh-Methode.* München: Kösel 1994
   Marcovich, M./de Jong, T.: *Frühgeborene – zu klein zum Leben? Geborgenheit und Liebe von Anfang an.* München: Kösel 2008
3   Korner, A.F.: »Vestibular stimulation as a neurodevelopmental intervention with preterm infants: findings and new methods of revaluating intervention effects«. In: Goldson, E., M.D. (Hrsg.): *Nurturing the premature infant. Developmental interventions in the neonatal intensive care nursery.* NY, Oxford: Oxford University Press 1999, S. 111–132
   Kornor, A./Kraemer, H./Haffner, M.: »Effects of waterbed flotation on premature infants: A pilot study«. In: *Pediatric 56*, 1975, S. 361
   Kramer, L./Pierpont, M.: »Rocking waterbed and autitory stimuli to enhance growth of preterm infants«. In: *Journal of pediatrics 88*, 1976, S. 287
4   Klaus, M.H./Kennel, J.H./Klaus, P.H.: *Der erste Bund fürs Leben.* Reinbek: Rowohlt 1997
   Field, Tiffany: »Infant massage therapy«. In: Goldson, E., M.D. (Hrsg.): *Nurturing the premature infant. Developmental interventions in the neonatal intensive care nursery.* NY, Oxford: Oxford University Press 1999, S. 102–110
   Scafidi, F./Field, T./Schomberg, S. u.a.: »Massage stimulation growth in preterm infants. A Replication«. In: *Infant behaviour and development 13*, 1990, S. 167
5   Überblicke finden sich in:
   Field, T. (Hrsg.): *Touch in early development.* Hillsdale/NJ: Lawrence Erlbaum 1995
   Field, T: »Infant massage therapy«. In: Goldson, E., M.D. (Hrsg.): *Nurturing the premature infant. Developmental interventions in the neonatal intensive care nursery.* NY, Oxford: Oxford University Press 1999, S. 102–110
   Klaus, M.H./Kennel, J.H./Klaus, P.H.: *Der erste Bund fürs Leben.* Reinbek: Rowohlt 1997
   Ludington-Hoe, S.M./Golant, S.K.: *Liebe geht durch die Haut. Eltern helfen ihrem frühgeborenen Baby durch die Känguruh-Methode.* München: Kösel 1994
6   Thoman, E.B./Ingersoll, E.W./Acebo, C.: »Premature infant seek rhythmic stimulation, and the experience facilitates neurobehavioral development«. In: *Journal of developmental behavioural pediatrics 12*, 1991, S. 11–18
7   Anderson, G.C.: »Touch and the kangaroo care method«. In: Field, T. (Hrsg.): *Touch in early development.* Hillsdale/NJ.: Lawrence Erlbaum 1995, S. 35–51
   Anderson, G.C.: »Kangaroo care of the premature infant«. In: Goldson, E., M.D.

(Hrsg.): *Nurturing the premature infant. Developmental interventions in the neonatal intensive care nursery.* NY, Oxford: Oxford University Press 1999, S. 131–160

Ludington-Hoe, S.M/Swinth, J.: »Abnormal breathing reduction in preterm infants during skin-to-skin contact (Abstract).« In: *Infant Behave and Dev (Special ICIS Issue)* 17, 1994, S. 792

Ludington-Hoe, S.M./Golant, S.K.: *Liebe geht durch die Haut. Eltern helfen ihrem frühgeborenen Baby durch die Känguruh-Methode.* München: Kösel 1994

8 Anderson, G.C.: »Touch and the kangaroo care method«. In: Field, T. (Hrsg.): *Touch in early development.* Hillsdale/NJ.: Lawrence Erlbaum 1995, S. 35–51

Anderson, G.C.: »Kangaroo care of the premature infant«. In: Goldson, E.M.D. (Hrsg.): *Nurturing the premature infant – developmental interventions in the neonatal intensive care nursery.* NY, Oxford: Oxford University Press 1999, S. 131–160

Anderson, G.C./Chang, H.-P./Behnke, M./Conlon, M./Eyler, F.D.: »Selfregulatory mothering (SR) postbirth: effect on, and correlation between infant crying and salivary cortisol«. In: *Pediatr Res 37*(4), part 2 (Abstract 57), 1995, 12A

Klaus, M.H./Kennel, J.H./Klaus, P.H.: *Der ersten Bund fürs Leben.* Reinbek: Rowohlt 1997

Simkiss, D.E.: »Kangagroo Mother Care«. In: *Journal of tropical Pediatrics 45/* August 1999, S. 192–194

9 Rey, E.S./Martinez, H.G.: »Manejo racional del nino prematuro«. In: *Curso de medicina fetal.* Bogotá: Universidad nacional 1983 (zitiert nach Simkiss 1999)

Simkiss, D.E.: »Kangaroo Mother Care«. In: *Journal of tropical Pediatrics 45/* August 1999, S. 192–194

10 Klaus, M.H./Kennel, J.H./Klaus, P.H.: *Der erste Bund fürs Leben.* Reinbek: Rowohlt 1997

11 Klaus, M.H./Kennel, J.H./Klaus, P.H.: *Der erste Bund fürs Leben.* Reinbek: Rowohlt 1997

Ludington-Hoe, S.M./Golant, S.K.: *Liebe geht durch die Haut. Eltern helfen ihrem frühgeborenen Baby durch die Känguruh-Methode.* München: Kösel 1994

12 Marcovich, M./de Jong, Th.: *Frühgeborene – zu klein zum Leben? Geborgenheit und Liebe von Anfang an.* München: Kösel 2008

Rinnhofer, H.: *Hoffnung für eine Handvoll Leben. Eltern von Frühgeborenen berichten.* Frankfurt: Fischer 1997